聆听丽娃河

李莲娣　印永清　编著

华东师范大学出版社

顾　问　钱　洪

总策划　刘　珩　韩松美　王　焰

主　编　李莲娣　印永清

副主编　朱小怡　刘　珩　韩松美

编　委　（按姓氏笔画排序）

　　　　苏振兴　何　鑫　张　燕

　　　　欧天锡　孟晓燕　查建渝

　　　　熊申展　潘　欣

摄　影　（按姓氏笔画排序）

　　　　王嘉琳　归伯兴　印永清

　　　　刘　萍　刘　琪　苏振兴

　　　　李莲娣　何　鑫　张　凯

　　　　张　逸　张宝安　陆永宝

　　　　陈毅华　林　火　周景谊

　　　　郑隆星　夏　华　徐勇民

　　　　黄文龙　黄余明　黄惠敏

　　　　曹　骏　熊申展

序 一

童世骏

刘珩和李莲娣几位学长同事嘱我为《聆听丽娃河》写序，我诚惶诚恐，只能从命。

说起来，我与丽娃河畔结缘，虽然迟于刘、李二位，但也已经是三十多年前的事情了。1978 年春天进校以后，我先是在河西学习，后是在河西工作；1989 年夏天分得的首间住房，与丽娃河边的工会俱乐部相隔几步。1997 年年初，我从"一村居民"变成了"三村居民"，住到了校园之外，但仍在丽娃河边教书和服务。2004 年夏天，我调任上海社科院，过了七年才重回母校。但即使在这段时期，我也一天都没有离开过丽娃河：从我家 2003 年春天搬进的苏州河边新居放眼西望，作为"师大八景"之一的"三馆迎绿"依稀可见。我在阳台上用长焦距拍摄的一幅三馆照片，还曾被学校宣传部同事要去，在校园网上悄悄亮相。

关于丽娃河的文字和影像，公开发表的已有不少；历届校友们私下创作和传阅的文字和照片，更是不计其数。相比之下，我们眼前的这本图册，却因为编者与丽娃河的结缘之长和感情之浓，因为编者在考证史料和提炼文字方面的水平之专、功夫之深，更因为此书覆盖内容之全、涉及名目之多，而可以说是独一无二的。即使我这样的半老师大人，也依然从图册中了解大量新的信息，获得许多新的感受。作为读者，作为师大一员，我想借此机会对编者们深表谢意。

但也有一些内容是我想在图册中找而没有找到的，比如我读本科和研究生时住过的第五宿舍，又比如我成为青年教师以后住过的教工宿舍。关于第五宿舍，本书提到了，说它"已于 1999 年 10 月拆除，原址上新建第五学生公寓一栋，六层砖混结构，总面积 18294 平方米"。但是，这幢陪伴过无数同学校友学习生活的建筑，这幢曾见证过包括常溪萍书记和冯契老师在内的师大前辈的奋斗和苦难的房子，我在书中没有找到它的照片。老师大人称为"新教工宿舍"的那幢朴实建筑，大概是与老五舍一起拆除的；在紧挨着河西食堂的原址上，现在能看到的是一块赏心悦目的草坪。曾经在这里度过快乐而艰辛的"青椒"岁月的人们，尽管当初对这幢建筑未必有多少好感，现在却会对即便在书本中也未能找到它的痕迹而略感遗憾。

在这里说这些遗憾，并不是说这本图册因此就不够重要，而恰恰是要说明它因此而更加重要：我们在图册中读到的那些史实和故事，有不少已经蒙上了厚厚的岁月尘埃；若不是编纂者们的广泛搜集、精心考证和优雅文笔，它们就会与我们渐行渐远，最后完全消失在我们的记忆之外。要感谢这本图册的编纂者们，他们使丽娃河边的那么多楼宇桥梁和树木花卉，那么多名人轶事和青春梦想，能免于"第五宿舍"和"新教工宿舍"的遭遇，而留下鲜明的图文记载，使这些图文所凝聚的遥远记忆，成为每一代华东师大人心中回荡的感人乐音。

2015 年 9 月 13 日起草于卧佛山庄庭院里
2015 年 9 月 14 日完成于苏州河边清水湾

序 二

陈 群

　　江南大地，河网交错，很多河流往往籍籍无名。但偏偏有一所耸立江南的学府，其校园里的一条河，名闻遐迩，近悦远来。它让无数昔日徜徉河畔，而今四海五洲的校友，魂牵梦萦，它就是师大校园里的丽娃河。

　　绿树鲜花夹岸、名黉大厦倒映的丽娃河，之所以能有今天这样的影响力，不仅因为它的美，还来自于它所承载的文化和精神，在于它与校园环境的完美契合。

　　建校初期，国内流行的设计观念是主干道两侧建筑景观严格对称，且主干道纵深不超过 200 米即必须抵达中心建筑，这一度曾被奉为大学校园设计的金科玉律。然而，师大前辈领导不为时俗所限，经审慎研究，发现这一规律，并不适合有两条河流横淌的我校校园。于是，因地制宜，创造性地确定主干道纵深贯穿全校园、两旁景观错落变化的方案。为解决两座桥之间的角度偏差问题，还创造性地在核心位置设计八角形的长树坛，并将道路在跨过大河后一分为二，形成两路夹抱大草坪的令人心胸开阔的疏朗境界。

　　丽娃河水默默流淌，但它用自己的语言告诉我们，这里的一木一石、一桥一路都有师大人求实创新的智慧火花。九十余年的历史积淀，已让这个美丽校园承载的精神魂魄无比丰满，凝聚的文化传统格外深厚。丽娃河所呈现的精神也早已溢出中山北路校园，磅礴远行，融入闵行校区的樱桃河中，再流淌到蔚蓝的大江大河。

　　真诚祝愿读者通过此书，通过领略华东师大校园的魅力，体悟融化在其中的大爱精神。

目　录

油画：丽娃河的回忆

作者：赵抗卫（博士，华东师范大学中文系 97 级）

油画　丽娃河
作者　赵抗卫（博士　华东师范大学中文系 97 级）

丽娃河 宋琳（著名诗人，华东师范大学中文系 79 级）

我见过许多河流，流淌在我故乡山中
那隐逸的小溪；欧洲，以及更遥远的
南美洲的大河。时常，我在我自己身上
看见它们，奔泻而去并留下刺骨的箴言。

沿着岁月的弧形弯道，缓慢而持久，
源头的允诺脱口而出，化作我诗中
几行墨汁。时常，当记忆的勺子探入那闪闪灵光，
舀取的却依旧是慨叹——逝者如斯！

但这一条几乎不能称之为河的河，
我的姐妹，羞涩地隐藏着自己。
你在地图上找不到她，世人鲜有知道她的名字，
河两岸对望着的是眼泪般纯净的小树林。

谦谦君子们，游荡着，容貌和气质
像年轻的神，如果他们爱，是真爱；
而少女的哭泣是因为昂贵的青春
压迫着她，膨胀的心思像快要爆裂的种子。

像蒲公英，一阵风就能带它到天涯。
而平静的丽娃河，敞开胸襟，接纳并挽留
来自遥远九重天的作客的流星，
又依依不舍地送走她亲自酿造的花蜜。

这里，在上海的一座开明的学府，
我学会了赞成，或许更重要地
（如仁者所说），学会了不赞成：
丁香花美，有毒的夹竹桃更美。

那在禁锢的年代偷尝过禁果的人有福了，
曾在同一座桥上看流水，曾在同一个河面投下身影。
朋友们，当你们在五月齐集，依我的建议，
首要的是观花，别的且留待将来去回忆。

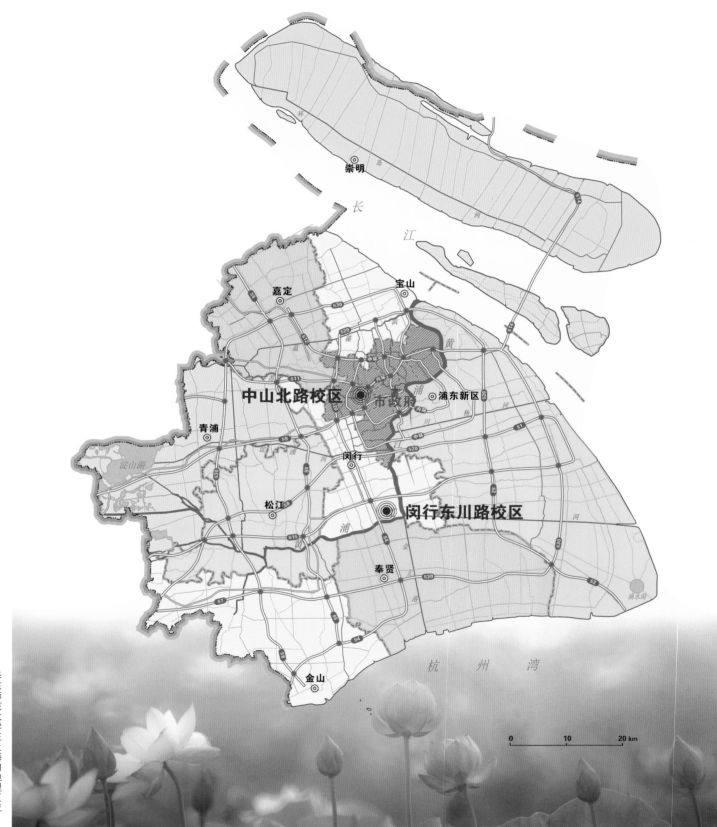

崇明

长 江

嘉定

宝山

黄

中山北路校区   市政府   浦

青浦   浦东新区

淀山湖   闵行

松江   闵行东川路校区

黄   奉贤

浦

金山   杭 州 湾

0   10   20 km

华东师范大学在上海的地理区位

引 言

上海地处长江三角洲东南端，太湖流域碟形洼地东端，为平原感潮河网地区。在上海的西北郊，吴淞江（今苏州河）蜿蜒流过广袤的农田，向东进入黄浦江。在吴淞江流经北新泾后，在宋家滩附近又伸展出许多支流，其中有两条河，即东老河和西老河，东老河就是现在的丽娃河，丽娃河还有一条支流，就是现在的赤水河，这两条河现在都在华东师范大学中山北路校区内，成了闻名遐迩的校园河流。

今天我们如果从空中俯视东老河和西老河以及它们连向苏州河的两条支流，那就像两个并立的倒 U 字形。现今的枣阳路穿越中间，将它们分为两部分，西面一部分就是今天长风公园的水系，东面一部分就是华东师范大学中山北路校区的丽娃河水系。

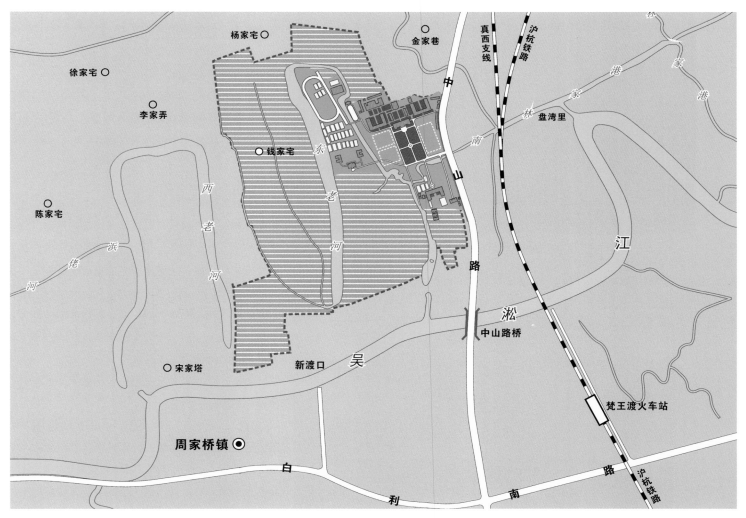

1930 年代西老河、东老河水系图，东侧倒 U 形河道即为今日华东师大校园内的丽娃河和赤水河。（制作：黄余明教授 华东师范大学地理系）

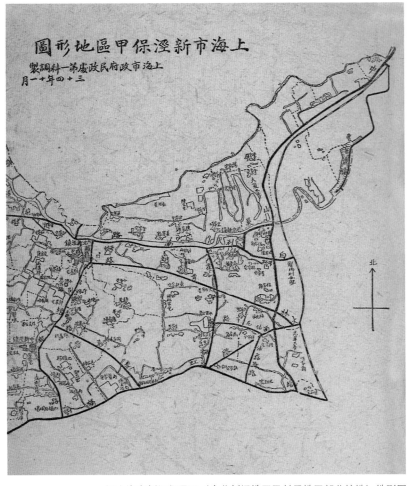

旧上海市新泾保甲区（今北新泾地区及长风地区部分辖地）地形图

岁月如河，时光流逝。孔子说："逝者如斯夫，不舍昼夜！"

许多东西慢慢地流淌在时空中，消失在记忆中，记忆有时会停顿，但岁月不会停顿。不论时光如河流转，人们却记住了丽娃河。正像上海的许多小河一样，丽娃河最早的历史已不可考，在一百多年以前，由于它的妩媚清澈，才慢慢地引起了人们的注意。西方人来到丽娃河边居住、开发，使得丽娃河最早成为浸润西方现代文化的小河。

丽娃河又是一条骄傲的小河，在北伐战争的大浪中，它迎来了一群先进知识分子，建立了大夏大学。师生依河而居，学习生活，它才慢慢成了一个醉人心扉的地方。丽娃河因大师而生辉，大师因丽娃河而得到滋润。一代代文化人从河边发散到祖国各地，建功立业，又为小河抹上浓彩。

丽娃河还是一条勇敢的河，它在抗日战争中巍然屹立，又在解放战争的呐喊中前进！

丽娃河充满了旺盛的生命力，清清的河水孕育无数的生命！年轻的学生在这里成长前进！1951年华东师范大学的成立，使这条小河更加绮丽。

丽娃河永远充满诗情画意。它的清澈、安谧，体现于河中倒影的依依柳树，以及河岸挺拔的水杉。每个走过丽娃河的人，都会瞩目于河水，仿佛在从中寻找灵感。它像一个照相机，把师大两岸秀丽的景色全复制了下来。巍巍文科楼，悠悠群贤堂，如虹的桥，古色的亭，无不秀美诱人。

丽娃河使人充满了梦想以及创造梦想的动力，一年又一年，一届又一届，一个个梦想实现了，一个个新的梦想又产生了！社会由此而前进！

今天，我们静静坐在河边，仰望天上的星星，那似乎是校园中闪烁的明星！

我们回顾历史，向年轻的一代细数丽娃河的前世今生，因为它充满着生机和活力，延续着自然和生命。我们叙述丽娃河的历史，并不仅仅是缅怀曾经的大师，而且是期望新的大师源源不断地产生，使得丽娃河薪火永传。

第一章　丽娃溯源

丽娃河东段的旖旎风光

早期的丽娃河，水深岸阔，树木林立，极目四望，是江南美丽的乡村。

1930 年代的丽娃河，河的东面是大夏大学，河的西面是一大片农田，隶属于真如区。

一 追溯丽娃河之源

（一）1930 年代的丽娃河

据史籍记载，清道光七年（1827年）治理吴淞江（今苏州河）工程中，将今北新泾地区两大河曲截弯取直，遗留东、西两个倒 U 形各近 2 公里长的故道，称东、西老河。本地农民叫它"老河浜"，"河浜"在上海话中就是小河，后来的上海地方志中记录了它的名字——"西老河"。

西老河今在长风公园内，依旧用此名。东老河在西老河东面，今址在华东师范大学中山北路校区内。20 世纪初，东老河东河段东岸，有南林家港之河，连接林家港并通苏州河，岸边林木苍苍。西河段南端西岸，有条分叉南北流向的支河毛柴浜，河流北面有杨家宅，东北有金家宅，河湾内及村宅四周均为农田。（资料来源：普陀区地方志）

另据 1927 年的地图记录，在当时的真如区（即现在的普陀区，华东师大今所在辖地）南部偏西地域有一大片水域泽地，遍布着大大小小的河流数十条。因为这些河流都在中山路以西，人们习惯上称它为"西河"，其中最大的一条河流叫西老河（今在长风公园二号门侧），"老河"可能是它成河时间比较长。西老河全长 800 米，水深岸阔，后来在它西面开挖泽地，建成了长风公园的银锄湖，其水道通过上海火柴厂，与苏州河相通。

在西老河的东面有一条南北向的河，因它和西老河平行相对，居住在附近的村民称它为"东老河"。东老河在它的北段拐弯，再向南流，也与苏州河相通。后来经过多次的填河、造地、盖房，这条东老河在地面上已经与苏州河割断，而地下管道时续时断，至今已难考证。（资料来源：1927年上海地图）

1930年夏，大夏大学迁徙此地。因为河在大夏大学新校址的西面，人们把东老河又称为大夏西河。

（二）1950年代的丽娃河

我们现在所说的丽娃河实际上有两条河流组成，一条是河面比较宽广的大河，这就是丽娃河；另一条河面比较窄的河，叫法就比较多了。在1930年代，它叫"南明溪"，河水平静清澈，两岸翠柳依依，近处是白墙红瓦的美丽校舍，远处是田野水鸟，蓝天白云，河中游船穿梭，歌声起伏。抗战后，历经沧桑的大夏学人从千里迢迢的贵州赤水迁回故地，为了纪念在赤水难忘的岁月，就在南明溪上新建了赤水桥，河因桥而得名，南明溪就成了赤水河。

赤水河原来一直和丽娃河相连，实际上是丽娃河的支流，因为丽娃河的名气太响，以至渐渐把它淹没了。现在的一些青年人干脆把它叫作"小丽娃河"。

1950年代的丽娃河，丽娃河把学校一分为二，东面是文科部分，西面是新建的理科部分。

丽娃河全长约 706 米，河道最宽处有 43 米，窄处也有 22 米。河水最深处 2.5 米，最浅处仅 0.5 米，平均为 1.69 米。整个水域面积 23533 平方米，槽蓄容量 39756 立方米。

赤水河长约 373 米，宽 12—29 米，水深 0.5—1.2 米，平均 0.79 米。整个水域面积 5700 平方米，槽蓄容量 4498 立方米。它也是苏州河的一条小小支流，后因苏州河沿岸住宅和道路建设，丽娃河和苏州河之间的自然连接被人为阻断，目前两者仅有一条地下涵管联接。

丽娃河沿途风景绝佳，在一大片绿色的田野上，一条碧绿宽广的河像玉带一样，织绣在江南的绿色田野上。两岸是丝丝翠柳，田陌间的杨树，一到春天，柳絮乱飞。各种水鸟不时掠过平静的河面，溅起一道道水花；一两条渔船悠闲地在河面上摇晃着，1930 年代的报纸上有这样的描述：该河"水深岸阔，清澈见底，游鳞细藻，直视无碍，夹岸垂杨，倒影成趣，风景绝佳，为海上所仅有"。

1951 年后，华东师范大学逐步改建河道，将这条 U 形的东老河填截为东西两河段。东段长约 400 米，河宽 15—30 米，即今文科大楼到研究生院的小校河，旧称南明溪；西段长 800 米，宽 35—40 米，即今之丽娃河。

二　荣宗敬和东老河

第一次世界大战后，上海的纺织工业迅速崛起。依靠面粉业已经积累起一定财富的荣氏兄弟决定投资纺织业。1915 年开始谋划购地建厂。荣宗敬笃信风水，他在选择纺织厂厂址时，在一本风水书上看见有一句诗云："吴淞九曲出明堂"，意思是吴淞江入口处有九个弯曲，弯曲处即风水宝地。而沪西周家桥一带是吴淞江上最大的弯曲处。吴淞江从北新泾开始到黄浦江入口这一段世称苏州河。因为苏州河南交通方便，便于设厂，于是他买下了河南的 24 亩地建立了申新一厂（即后来的上棉 21 厂）。申新一厂的地理位置正好与对岸的西老河和东老河隔河相望，在两河入苏州河口的中间。荣宗敬为了便于以后扩厂或设立棉花栈房用地之需，在苏州河的北岸，买下了东老河及其两岸土地约 60 亩。

据《著名实业家荣氏兄弟》一书介绍，1927 年 5 月，荣宗敬因认购"二五"库券不力，受到蒋介石报复，所有在无锡的产业和居所全部被查封，他上海的产业因大多在租界，所以免遭此厄。后来在无锡同乡吴稚晖和教育界名人蔡元培的斡旋下，此事得以平息。吴稚晖时任国民党中央监察委员会主任，又是蒋经国的老师，所以有此能耐。而吴稚晖当时又是大夏大学的董事，同各方均有良好关系。

1929 年，大夏大学因胶州路校园太小，决定在中山路购置新地，董事会通过了购地议案，学校当局也开展了募捐活动，向海内外富商贤达筹款。当时大夏校长王伯群是国民政府交通部长，董事中又有国民政府大佬，吴稚晖又直接帮过荣宗敬的大忙，而荣氏家族素来热心教育，因此，荣宗敬决定把他的私产东老河捐献给大夏大学。这条河就是现在的丽娃河。

昔日的南明溪，今天的赤水河，不知情的人干脆称它为"小丽娃河"。它横穿河东校区，连接文科大楼和校图书馆。

荣宗敬像

荣宗敬，江苏无锡人，1873 年 9 月 23 日—1938 年 2 月 10 日。
上海工业大亨，有"面粉大王"和"纺织大王"之称。

荣德生像

荣德生，江苏无锡人，荣宗敬胞弟，1875 年 8 月 4 日—1952
年 7 月 29 日。与兄一起致力于民族工业的发展。

1930 年大夏大学出版的《大夏周报》上刊载了荣宗敬捐赠
丽娃河的新闻报道

1931 年 3 月 4 日的上海《申报》和《时事新报》上分别刊
登一则《荣宗敬捐赠大夏西河》的新闻

三 前世今生丽娃河

（一）得名之始

丽娃河名称按照时间顺序大致有四种叫法：

（1）东老河

中国乡村的人在命名河流山脉时经常以地理方位来称呼它，如西山、东山，河南、河北等。因为这条河在西老河的东面，所以很长一段时间内，人们称它为东老河。民国时期出版的地图上经常标注为东老河。

也有人简称它为东河的。

（2）西河

1930 年 9 月至 1931 年 3 月，大夏大学刚搬入中山路新校址，因为东老河在大夏大学的西面，所以习惯上称它为西河。1930 年出版的《大夏周报》上就用了《荣宗敬慨捐西河》的报道。

（3）大夏西河

因为西河是大夏大学的校河，为了避免和其他河流混淆，所以学校师生称它为大夏西河。1931 年 3 月 4 日的上海《申报》和《时事新报》刊登新闻报道《荣宗敬捐赠大夏西河》一文时，正式行文也用"大夏西河"。

（4）丽娃河

那么，什么时候大夏西河被叫作丽娃河呢？有人认为 1929 年至 1930 年上海正在放映美国电影《丽娃栗妲》，并且美国丽娃栗妲歌舞团也正在上海访问演出，该片描写生活在美墨边境大河 Rio Grande 的墨西哥少女 Rita 的爱情故事，因而得名。当年大夏大学也正好搬进中山路校区，丽娃河的名称很可能来源于这部电影的名称。

但也有人提出丽娃河的名称出现在 1931 年，而 1931 年《丽娃栗妲》电影已不再放映，由《丽娃栗妲》电影片名把大夏西河称为丽娃栗妲河或丽娃河，可能性已经很小了。

最有可能的是丽娃河名称的来源在于它流经的丽娃栗妲村，中国人常以河名命名地名、村庄，或以村庄名、地名来命名河流，比如苏州河。

如果丽娃河名称来源于丽娃栗妲村，那么，丽娃栗妲村又从何而来？

说来话长，1930 年俄国古鲁勒夫人在此租地建造园林式的乡村俱乐部，正好美国影片《丽娃栗妲》在上海放映，于是古鲁勒夫人就取了洋名"丽娃栗妲"为园名，Rio Rita 一词来源于西班牙文，"丽娃"(Rio) 就是河的意思。

丽娃栗妲乡村俱乐部接待的游客中大多数是外国人，节假日也有一些团体组织华人入园游玩，后来声名大了，华人大学生和有钱人也来得很多。

据 1931 年 7 月 1 日《申报》所载《新丽娃游记》一文称，"丽娃栗妲村，地处沪西大夏大学之邻，面临古吴淞江，风景绝佳。去岁由一妇人向村主租得，设咖啡店。妇俄籍，早寡。绌于资致设备，未能尽美，坐使大好园地，问津无人。俄妇维持乏术，遂让渡与惠尔康主人顾、周二君。二君固斯道能手，乃出四万金为点缀建设之费。历七月之久工程始告完成"。

著名作家如穆时英、茅盾等也曾提到丽娃栗妲村。茅盾写于 1931 年 10 月至 1932 年 12 月的小说《子夜》中也多次提到过它。

1933 年 2 月 27 日《申报》发表文章，第一次提到"丽娃栗妲河"。

因此可以初步断定，丽娃河是沿用村名而来的，久而久之，大夏西河就叫丽娃栗妲河了，简称丽娃。

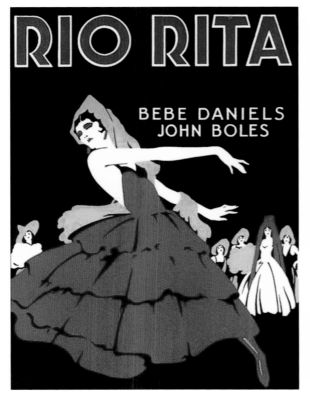

美国 RKO(Radio-Keith-Orpheum) 电影公司 1930 年时
在上海公演的《丽娃栗妲》（Rio Rita）电影宣传画

1930 年的丽娃栗妲村（Villa Rio Rita）

　　俄国人古鲁勒夫人租地建造的园林式乡村俱乐部，原址位于今普陀区西南部华东师大校河丽娃河南段东侧，华东师大一村 495、496、561 号附近。此地原系荣宗敬的地产。建于 1930 年，1937 年"八一三"事变，该村毁于日军战火。丽娃栗妲村按西式自然风景园布局。村东大门内是一片大草坪，环绕村东、南、北三面树丛高低错落。东老河的一段位于村西，水面宽阔，水质清澈，岸边柳枝低垂，彩色大遮阳伞沿河置放。村中路面平直，路旁植悬铃木，入夜彩灯齐明。东老河被辟为泳场，又供划船用，夏季，游人络绎而来。网球场设于离村河岸不远处的草地上，球场近侧辟露天舞池，夏夜舞池乐声悠扬，四周彩灯闪烁。

该处是原丽娃栗妲乡村俱乐部的游船码头旧址

丽娃栗妲村旧址，现在已经是师大一村的居民住房了，但当年的三棵梧桐树依旧屹立在丽娃河畔，距今已经八十多年了。

（二）文豪笔下的丽娃河

1930 年，大夏大学迁移新址，其校园之大、校景之美轰动沪上。那年穆时英(1912—1940)18 岁，在光华大学中文系上学，开始发表小说，他在其小说《被当作消遣品的男子》中写道：

"沿着 ×× 路向一个俄罗斯人开的花园走 …… 在柳影下慢慢地划着船，低低地唱着 Rio Rita（编者注：即丽娃栗妲电影的主题曲），也是件消磨光阴的好法子。岸上站着那个管村的俄国人，悠然地喝着 Vodka（编者注：即伏特加酒），抽着强烈的俄国烟，望着我。河里有两只白鹅，躺在水面上，四面是圆的水圈儿。水里面有树，有蓝的天，白的云，猛的又来了一只山羊。我回头一瞧，原来它正在岸旁吃草。划到荒野里，就把桨搁在船板上，平躺着，一只手放在水里，望着天。让那只船顺着水淌下去，象流到天边去似的。"

（选自《穆时英小说全编》第 96 页）

在丽娃栗妲村泛舟的上海女子（1931 年）

最早描写丽娃河风光和河上娱乐生活的作家是穆时英，当初的光华大学中文系学生，早于茅盾写作的《子夜》一年多。

茅盾的小说《子夜》描写了1930 年代上海滩的社会生活。
《子夜》是中国现代文学巨匠茅盾的代表作，是中国现代文学史上的优秀长篇小说，写于1931 年 10 月至1932 年 12 月。书中有多处写到了丽娃河。

四 大夏——从胶州路来到丽娃河边

大夏大学（The Great China University）是由1924年因学潮从厦门大学脱离出来的部分师生在上海发起建立的一所综合性私立大学。"大厦"即"厦大"之颠倒，后来取"光大华夏"之意定名大夏大学，表示新学校既由厦大嬗变而来，又寓"光大华夏"之意。抗战期间曾西迁庐山、贵阳、赤水，并曾与复旦大学组成中国历史上第一所联合大学，抗战胜利后迁回上海。1951年10月，在原校址与光华大学等相关学校合并后成立华东师范大学，成为新中国创办的第一所师范大学。

（一）大夏大学的创始

大夏大学第一任校长马君武 (1881—1940)

马君武，原名道凝，又名同，改名和，字厚山，号君武。广西桂林人，汉族。1924年至1928年担任大夏大学校长。马君武办校提倡"三苦精神"，即"教授要苦教"、"职员要苦干"、"学生要苦读"。1928年初，马君武被聘为广西大学第一任校长，于是辞退大夏校长一职。

大夏大学的创办人之一、大夏大学首任主席董事王伯群：1928年—1944年大夏大学校长

王伯群 (1885—1944)，贵州义兴人。名文选，以字行。1924年，王伯群与前厦门大学教授欧元怀、王毓祥等在上海创办私立大夏大学，王任董事长。1928年起任校长。

大夏大学的创办人之一——欧元怀：1945年—1950年大夏大学校长

欧元怀 (1893—1978)，字愧安，莆田市城厢区人。1924年联合厦大教授王毓祥、林天兰等9位知名人士，在上海筹办大夏大学。大夏大学成立后，欧元怀任副校长，1945年起任校长。

1924年大夏大学成立时的第一届董事会董事照片
1924年10月22日，大夏大学董事会正式成立，当时的校董有：吴稚晖、汪精卫、叶楚伧、邵力子、张嘉森、马君武、傅式说等。董事会公推马君武为校长，王伯群为首任主席董事。

（二）陋室创校 胶州初址

学校创办之初，以租来的弄堂房作为教室，但并非长久之计。当时，只能是一边开学上课，一边筹设新址。不久，学校在胶州路上借得二亩多的土地，马君武校长以吴淞的私人房地产为抵押，向银行借得二万两银子作为建筑费用；另外地主也拿出二万两，以后由学校按月向地主支付利息，并约定十年后房子无代价给地主。1925年5月中旬开始兴建新校舍，9月，位于胶州路301号的新校舍落成，学校随即全部迁入。

但形势的发展，让原来计划行不通了。一方面，北伐战争节节胜利，在学生中更掀起爱国热潮，同时也遭遇了军阀以及外国军队的镇压，处于租界的校舍已经很不安全了。另一方面，随着学校声誉提高，大夏学生人数激增，1928年秋季学期时学生人数已达千人以上，胶州路校舍已无法承载。

1924年9月20日，新诞生的大夏大学在槟榔路潘家花园举行开学典礼，学生229人，9月22日正式开始上课。

胶州路校舍

大夏大学胶州路时期的毕业生照片

18

1925 年 9 月，位于胶州路 301 号的新校舍落成。

五 丽娃河畔的新校舍

（一）丽娃定址

1927 年初，马君武校长应邀去筹建广西大学，辞去大夏校长职务，王伯群先生任校长，此时，大夏大学学生人数激增，原来的校舍不敷使用，即使扩大租房也不能容纳，于是校董会在王伯群校长的建议下，决定择地建立永久性校舍。

新校舍选择在沪西梵王渡中山路。此地原为乡野，清秀空旷，校舍以后有发展的余地；另外，沪上知名的圣约翰大学隔岸相望，有一种学术的氛围；再则，学校坐落在中山路旁，新的中山路桥即将竣工建成，交通方便，便于师生来往。

从 1929 年 3 月起，大夏大学陆续在此购地近三百亩。

由于筹建新校舍的资金匮乏，1929 年夏天，由马君武、欧元怀、王毓祥先生率领几位华侨同学去南洋一带募集建设新校舍的经费。王伯群校长则以六万七千余两银子（合当时 11 万银元）资助建筑教学大楼，并以中山路地产为抵押，向银行借贷建筑费 32 万元。1930 年初，中山路校舍开始动工，同年 9 月一期建筑完工，包括：教学大楼"群贤堂"，可供 2000 人同时上课；"群策斋"、"群力斋"两栋男生宿舍以及女生宿舍"群英斋"，3 栋宿舍各可容 700 人；此外，还有教职员宿舍 12 幢，以及学生浴室、饭厅等。

9 月下旬，大夏大学随即迁入新址，将胶州路校舍交给大夏附中使用。接着，在新校址上又继续兴建理科实验室、体育馆、医疗室、大礼堂、东西大楼教职员宿舍以及各类运动场，至 1932 年大体完工，此外，在学校西南部，另有四百亩土地，辟为大夏新村，为教职员自建住宅之用（抗日战争前已建成三十余所）；还有荣宗敬捐赠蜿蜒秀丽的丽娃栗妲河，更为校园增添了美景。在当时上海四十多所私立大学中，大夏大学尤以建筑宏伟、环境优美、设施较完备而著称。

当时的校董有：吴稚晖、汪精卫、叶楚伧、邵力子、张嘉森、马君武、傅式说等。教授更是囊括：马君武、何昌寿、邵力子、郭沫若、田汉、何炳松、李石岑、朱经农、程湘帆等。甚至当时炙手可热的杜月笙也曾屡次资助大夏，可见大夏当时的盛况。

1937 年抗日战争开始，大夏大学一度与复旦大学合并成为联合大学，一设庐山，称复旦大夏第一联合大学，一设贵阳，称第二联合大学。后庐山联大迁重庆，与贵阳相距不远，遂解除联合，各恢复原校名。1940 年大夏大学择定于贵阳城郊花溪辟地两千余亩为固定校址，因经费不足，只完成校舍 3 栋。次年，国民政府教育部拟将大夏大学与贵州农工院合并，改名为国立贵州大学，引起大夏师生强烈抗议，遂奔走各方求与各校董商诸，要求教育部收回成命，终得维持大夏大学体制不变。抗战胜利后，学校迁回上海，直至 1949 年始终保持私立大学性质并保留校名至 1951 年。

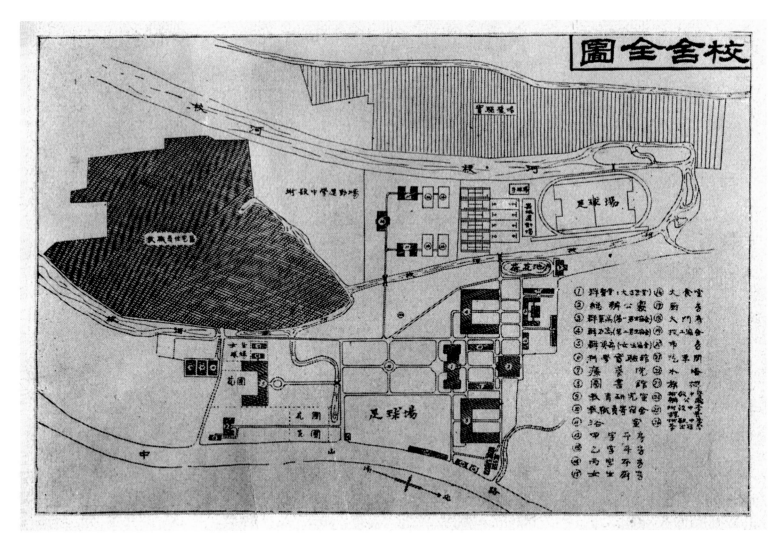

1930 年代大夏大学校舍平面图

1930 年代大夏大学鸟瞰图，东面中山路已初具规模。

大夏大学迁居中山路时，新建的学校大门（1940 年代）。

（二）校园中的建筑

大夏大学迁入中山路新校舍时，为了适应教学和生活的需要，大兴土木，新建了包括学生宿舍在内的许多建筑（1930年）。

1. 校园中最雄伟的建筑——群贤堂

群贤堂于 1930 年 1 月破土动工，同年 8 月落成，是目前校内最古老的建筑之一。1930 年群贤堂奠基时，曾在预留角上树植基石，基石内置铜箱一只，内贮王伯群题"树人之基"四字，王毓祥作《大夏大学校舍第一座奠基记》一篇，还有 1929 年《大夏一览》和《大夏年鉴》以及建筑募捐册、新校图样等纪念物。群贤堂落成时，又曾镌《群贤堂铭》碑一块，由大夏大学教授孙德谦撰文，著名书法家、大夏大学教授兼文书主任马公愚先生手书。遗憾的是，历经多年的战火离乱，基石、铜箱、铭碑都已不知去向。

群贤堂建成后下层为总办公室、校长办公室、各院院长办公室和教育馆，二层为教室及图书馆、社会历史研究室、商学研究室、教员休息室、女生休息室，三层全为教室。教室共计二十八间，室内课桌椅均系铁架柳安木面，褐色油漆，可供二千人之用。

1937 年，淞沪抗战爆发。大夏大学遭到日军飞机狂轰滥炸。群贤堂三层东北角被炸出三个大窟窿，门前外侧的两个立柱亦被炸毁。上海沦陷后，群贤堂曾被踞为汪伪政权高等法院；太平洋战争爆发后，群贤堂与相邻的另一幢校舍群策斋又沦为日军关押英美战俘和侨民的集中营，每间教室关押人数多至十数个家庭。直至 1946 年 1 月群贤堂重回大夏大学的怀抱时，仍有曾被日军关押的五百七十多名英国公民滞留于此，等候英国政府派船接回。2004 年，普陀区政府将群贤堂登记为不可移动的文物。

群贤堂建筑采用钢骨水泥结构，三层平顶。白色墙面，门前四根爱奥尼亚立柱，精巧而凹凸分明的外墙装饰，柔和雅致的门厅，都透着浓郁的欧洲新古典主义风韵。群贤堂的设计师是苏生洋行的建筑师费立白和董大酉。门楣上镌有"群贤堂"字样的额匾是大夏大学第二任校长王伯群先生手书。

钢笔素描群贤堂（作者：佘国平，华东师范大学中文系 73 级）

夕阳下的群贤堂，师大人习惯叫它文史楼，这里群贤荟萃、大师辈出。

2. 休憩之所——群策斋、群力斋、群英斋

1930 年代建造的大礼堂，抗战中被日机炸毁。

1930 年代建造的大夏大学男生宿舍群策斋

1930 年代建造的大夏大学男生宿舍群力斋，抗战中被日机炸毁。原址在今
第八学生宿舍南侧运动场处。

1930 年建造的大夏大学女生宿舍群英斋，抗战中被日机炸毁。原址在今附属幼儿园处。

3. 大礼堂——思群堂

大夏大学在 1946 年抗战胜利复员时所建的大礼堂，名曰"思群堂"。礼堂内讲台宽 40 尺，深 21 尺，曾为当时上海各大学礼堂讲台之最。当时讲台两壁可作布景用的活动彩色衬板、灯光装置等，由大夏大学土木工程系助教金祖荫先生参与设计，沪上知名舞台设计专家吴仞之先生校订。玫瑰色的织锦大幕由大夏校友、著名实业家强锡麟先生捐赠。

抗战胜利后经校董会决定，将新落成的大礼堂命名为"思群堂"，纪念逝于西迁流亡途中的王伯群校长。

1946 年建成的大夏大学思群堂

建国后，思群堂曾更名为大礼堂，后恢复原名。

4. 大夏中学的东、西讲堂和丽娃斋

大夏中学是今华东师范大学第一附属中学的前身，由欧元怀等人始创于 1925 年。最初是借用槟榔路（今安远路）潘氏宗祠为校舍，后随大夏大学几度搬迁，于 1934 年在丽娃河东岸建造三幢二层楼建筑。除现在的东、西讲堂外，在这两幢楼南侧的中央原先还有一幢一字型的二层建筑为办公厅。三幢建筑呈品字形排列，均由著名建筑师柳士英设计。三幢校舍"临河而建，碧水一弘，垂杨夹岸，洵进德修学之所也"。

1937 年淞沪抗战爆发，大夏大学流亡西迁，附设大夏中学也被迫迁往租界内的福煦路（今延安中路）临时校舍。大夏中学的东、西讲堂在上海沦陷后被日军踞为"华中矿业研究所"。直至抗战胜利，才重回大夏怀抱，成为大夏大学的理工学院。其中东讲堂被命名为化学馆，西讲堂为工程馆。1951 年华东师范大学成立后，这里逐渐成为学校行政机关的所在地。2009 年，大夏大学东讲堂和西讲堂被普陀区政府登记为不可移动的文物。

在西讲堂北首丽娃河畔，现在还有一幢一字型的二层楼房，灰顶红砖，西面有贯通走廊。此楼建于 1937 年初，曾是大夏中学的男生宿舍和特别教室（劳作教室、史地教室、土木工程教室）。抗战胜利复员后，因大夏大学原有的女生宿舍完全被日军炸毁，遂将此楼改为女生宿舍，并命名为"丽娃斋"。华东师范大学成立后，这里曾是外语系和外国留学生的教室，现在是学校保卫处和武装部的办公室。

在东讲堂南侧赤水河畔，有一座绿顶红柱的六角亭隐现于假山绿树丛中。这是 1990 年代大夏大学台湾校友会捐建的"大夏亭"。抗战胜利后不到一年，大夏校友就有六十余人前往台湾地区各部门服务，并于 1946 年 5 月 11 日成立大夏大学毕业同学会台湾分会。亭上镌有"大夏亭"三字的额匾，是孔子 77 代嫡长孙台湾师范大学教授孔德成手书。

1930 年代大夏大学附设大夏中学的校舍，当时分别被称为东讲堂和西讲堂。东讲堂和西讲堂各有大小教室十间，西讲堂还设理科教室一间，特别设计，专供教授理科之用。

原大夏大学附中办公厅，水泥红砖结构、圆弧形钢窗，1937 年毁于战火。原址即今学校办公楼前钟塔处。

1932 年大夏大学预科毕业生捐赠的豫立亭，原址在今师大附小、附幼北侧。

1930 年代今思群堂南侧古木清晖处，后毁于战火。

1930 年代的学校科学馆，毁于战火。原址即今第九学生宿舍。

1930 年代建造的体育馆，抗战中被日机炸毁，原址在今干训楼处。

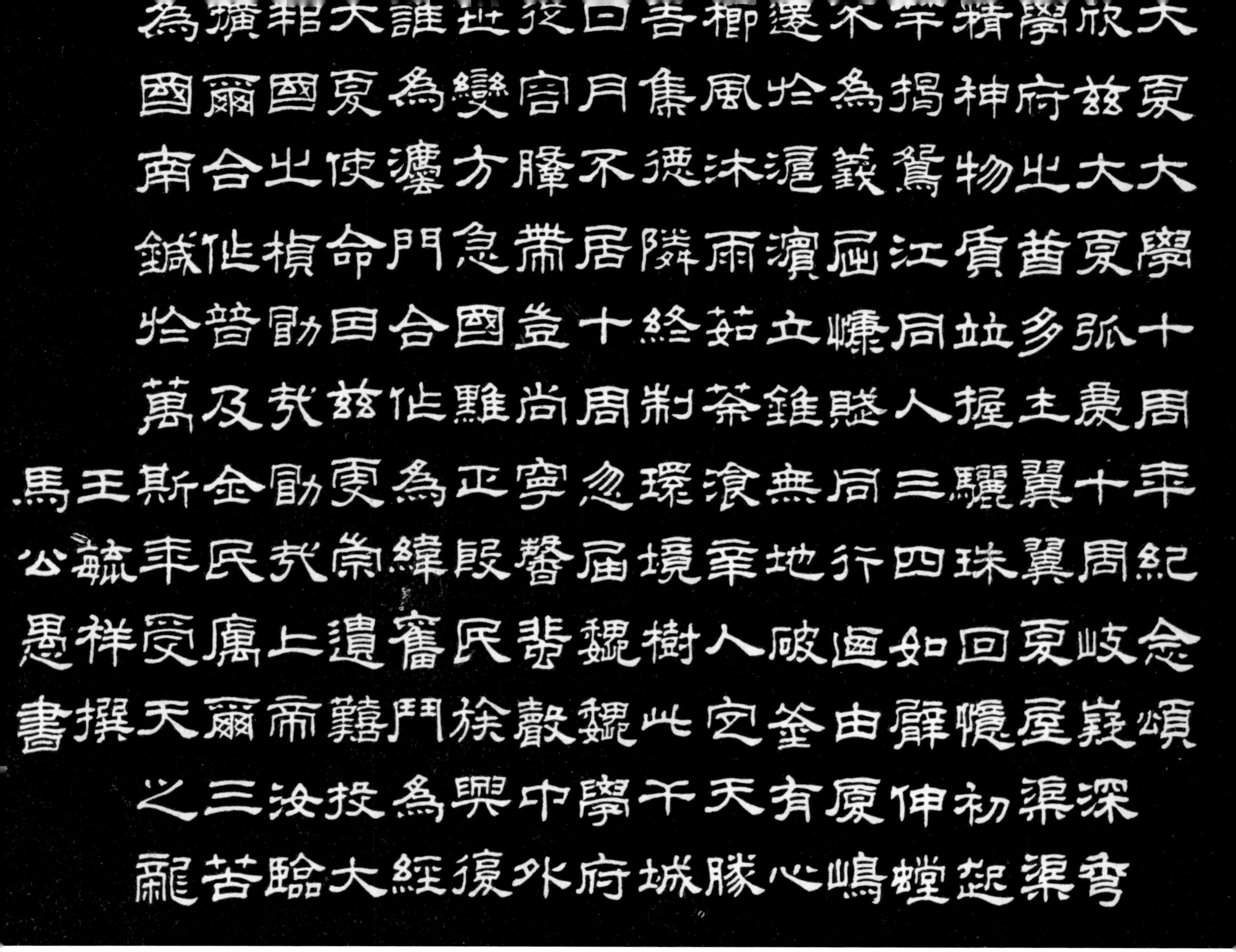
大夏大學十周年紀念頌
欣茲大夏弧慶十周岐嶷深齊
學府出昔多主翼翼夏屋渠渠
精神物質竝握驪珠回饋初起
羊揭篤江同人三四如辟伸螳
不為義屆慷賤同行匝由厦鳴
遷於滬瀆立錐無地破釜有心
櫛風沐雨茹荼滄羣人空天勝
杏集德隣終制環境樹此千城
日月不居十周忽屆巍巍學府
從宮騰帶登尚寧罄斐敎中外
世變方急國難正殷民旃興復
誰為瀛門合化為緯奮門為經
大夏使命因茲更崇遺籍投大
相國出楨勖我勖我上而汝臨
擴爾合化譜及金民廣爾三苦
為國南鍼於萬斯年受天之祜
王毓祥撰
馬公愚書

大夏大学成立十周年纪念碑

六 1930 年代丽娃河畔的学习与生活

（一）"东方的哥伦比亚"

建校之初，大夏大学即倡导苦教、苦学、苦干的"三苦精神"以及"师生合作"、"读书救国"的方针，并制定了"自强不息"的校训，以此作为砥砺全体师生的座右铭。

学校设五个学院以及三个专修科，包括文学院：国文系、英文系、历史社会系；理学院：数理系、化学系、土木工程系；教育学院：教育系、教育心理系、社会教育系；商学院：银行系、会计系、工商管理系；法学院：政治系、经济系、法律系；师范专修科：国学组、英文组、史地组、数理组；体育专修科；盐务专修科。

经过数年的艰苦奋斗，在全校师生的努力下，使得大夏大学获享"东方的哥伦比亚大学"之美誉。

1930 年代大夏大学的学习生活，男生们穿着长衫进入课堂。

心理实验室是大夏大学的重点实验室之一，设于原科学馆内，原址即今第九宿舍处。

设于科学馆内的大夏大学物理实验室

大夏大学最早的图书馆，建于 1930 年代。原址在今师大附小内，已拆。

大夏大学女生每天晨起必须做早操，以强健体魄。这是在图书馆前的操练活动。原址即今师大附小处。

学校体育场，学生们在这里开展丰富多彩的体育活动，原址即今校档案馆处。

1930 年代建造的大夏疗养院，内设有外科诊察室、手术室、养病室等，抗战中被日机炸毁，原址在今研究生院处。

1930 年代建造的学校疗养院外景，原址即今研究生院处。

（二）乐居之地：职工之家

　　大夏新村建于 1931 年，至 1937 年淞沪抗战爆发前，村内已建成二层别墅近四十幢。

　　在师大一村内还有一处当年大夏大学遗留建筑群。在华东师大附属幼儿园南侧，有三幢红顶灰墙的二层老洋房，是大夏大学在 1930 年建造的教职员家庭宿舍。共有十二个独立居住单元。1937 年全面抗战爆发后，大夏大学被迫西迁，这里沦为日本"华中矿业研究所"的职员宿舍。直至 2010 年房屋大修前，部分单元内仍留有当年日本人建造的方形日式大浴缸。

　　在这三幢老洋房的西南角，还有一幢现在被称为东西大楼的一字型二层楼宇。东西朝向，有屋约五十套，有长廊贯通。这也是当年大夏新村的遗留建筑。它建于 1937 年，建造的初衷是作单身教职员宿舍，所以配有公共浴室、盥洗室、会客室、电话间等，并取了一个温文尔雅的名字"夫子楼"。建成后未及使用，"八一三"淞沪抗战爆发，大夏大学流亡西迁。沦陷后的夫子楼被日军踞为伤兵医院和慰劳所。

大夏新村内的老洋房，现为老干部之家。

夫子楼在南明溪中的波光倒影

1930年代大夏教职员宿舍，原址在今附幼南侧处。

第二章　巍巍建筑

一　1950—1970 年代的主要建筑

学校鸟瞰图（1960 年代）

1960 年代初，校园建设初具规模，已经建成了物理楼、地理馆、数学馆、化学馆、新教学楼、运动场、外语楼、办公楼、图书馆、学生宿舍等。

漫步丽娃河畔，驻足丽虹桥头，一座座错落有致、掩映在花木水石之间的建筑悄然映入眼帘。春观水流花飞，夏听荷塘蛙声，秋眺校河夕照，冬赏红亭残雪，四季如画，美不胜收。

教室、宿舍、图书馆、实验室、运动场、餐厅……以及贴满各类讲座与学生社团海报的公告栏，勾勒出丰富多彩的校园生活，宛若一颗颗明亮的星辰永远悬挂于每一个他或她的天幕之上，成为校园情结最真实最基本的元素。

这是新中国第一所师范大学的美丽校园，更是万千学子梦魂萦绕的学术殿堂。伴随时代发展而变化的校园建筑与景观，融民族风格与国际潮流于一体，记录了华东师范大学的初创与成长，见证了师大人求实创造、为人师表的精神与风貌，承载着校友们对母校和师长的深爱与眷恋。

中山北路校区校景图（1980 年代以后）

改革开放以后，学校新建了学术交流中心、计算机楼、河口海岸研究院楼、文科大楼、理科大楼、新图书馆等。

（一）校门变迁

原大夏大学的校门不在学校的中轴线上，为此，华东师大成立后，重建了新校门。新校门向北平移了20米，使之可以正对主干道。重建时，仍保持了原校门的风格，只是适当放大尺寸，使其与学校主干道路面的宽度相匹配。

1971年底，华东师范大学曾与上海师范学院、上海教育学院、上海体育学院、上海半工半读师范学院五校合并成立"上海师范大学"。1978年5月17日，除上海半工半读师范学院停办外，各校相继分出，恢复原有建制，此后华东师范大学一度仍沿用上海师范大学校名。1980年7月，经国家教育部批准，华东师范大学恢复原校名。

1950年代初的校门，校名牌由著名书法家舒同书写。

1994年建造的新校门，气势恢宏。

1971年改名上海师范大学时期的校门，学生为1978年"文革"后入学的78级教育系学生。

恢复原校名后的校门

华东师大第一任校长孟宪承教授在成立大会上讲话（1951 年）

（二）建校初期

抗日战争时期，大夏大学校舍被毁大半，损失惨重。1946 年大夏师生由赤水返沪，开启了重建之路。受资金和时局动荡影响，重建之路举步维艰，校舍逼仄，不敷使用，满目疮痍未及清理，到处可见残垣、断壁、废墟和瓦砾。

1951 年 10 月，新中国第一所师范大学在这里诞生，热火朝天的群众性建校劳动旋即展开。师生们不计时间，不讲报酬，在原大夏新村（今先锋路两侧和师大一村）与群力斋（今第八学生宿舍南侧运动场附近）前的废墟上，挖砖、挑土，人人争先恐后，个个挥汗如雨，共挖出整砖 40000 余块，旧水管 150 多米，敲碎砖 160 多立方米，挑河泥 150 多立方米，种树 300 多棵，为国家节省建校经费 2000 多万元人民币（旧币）。劳动平整了场地，美化了校园，实现了"以建治乱治脏"的目标。

参与劳动建校的师生（1951 年）

（三）校区变迁

校园建设离不开土地。1952 年，学校历史上规模最大且具决定性的一次征地工作正式启动，向西征地，直至水工模型实验室西墙的小河，向北征地至现校园边界，向南征地至学校与木材一厂交界处，校园面积增至 46.9 公顷（703 亩）。之后，学校先后于 1956 年、1980 年、1982 年、1985 年、1988 年五次征地，使校园总面积达到了 1044 亩，基本形成了主体集中、小片就近分散的校园格局。

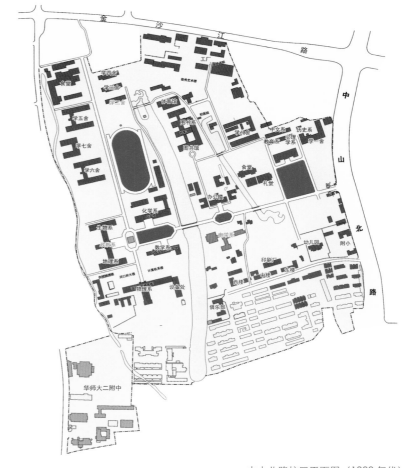

中山北路校区平面图（1980 年代）

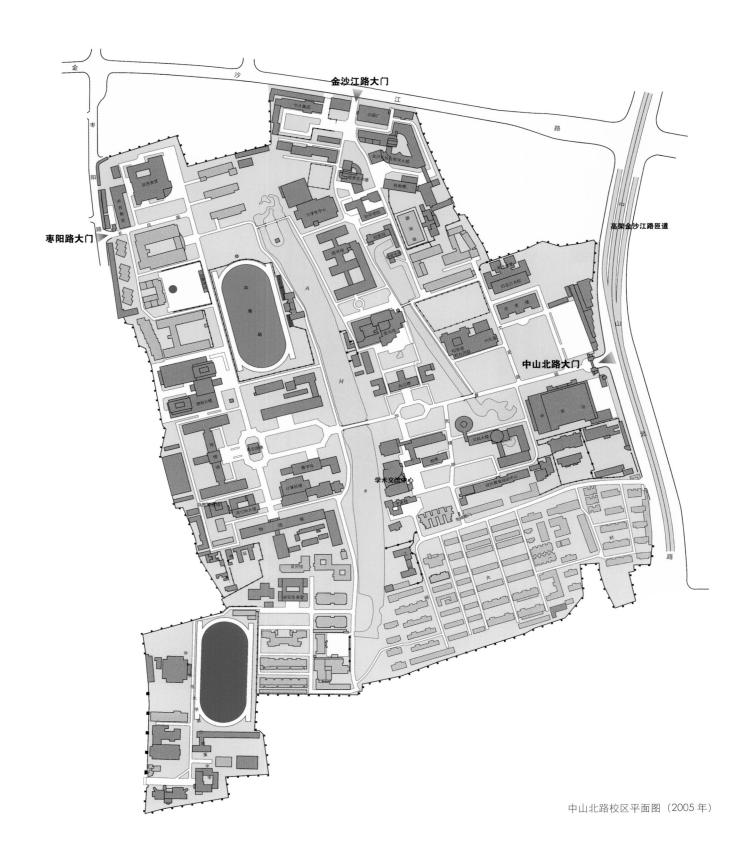

金沙江路大门

枣阳路大门

高架金沙江路匝道

中山北路大门

学术交流中心

中山北路校区平面图（2005 年）

（四）1950 年代初校园建设总体规划

1952—1959 年是华东师大校园建设发展最快的时期。学校制定了基建发展五年总体规划，充分利用校园内得天独厚的自然条件，实施"九宫格"总体布局方案。即在东西深长 700 米，南北宽 800 多米的校园中，以两条校河为界，形成东西走向三个区域：丽娃河以西为理科区域，赤水河以东为文科区域，两河之间为行政中心和公用区域。南北走向也规划为三个区域，南端为教工住宅区，北端为学生生活区，中间为教学区。同时，以运动场地作为学生生活区和教学区的过渡空间，以附小、附幼、附托等建筑连接东端教工住宅区和文科教学区，既方便了教职工子弟入托上学，也为教育、心理等学科提供了实验、实习的场所。教工住宅区西端以东、中、西楼三幢单身教工宿舍为屏障，区分教学与住宅区域。规划还将校办工厂、膳食科、总务科等辅助单位设在校园边缘地带与靠近校门之处，方便车辆出入。

建校后，学校在丽娃河以西征地新建了理科教学区
（1953 年），河西从左至右依次为数学馆、地理馆和化学馆。

1980 年代河东办公楼（前）、图书馆（后）
与河西宿舍和运动场鸟瞰图

（五）华夏路

进入中山北路校门，便步入了一条与丽娃河垂直相交的林荫大道，宽 7 米，长 600 米，取名华夏路（也称校园主干道、中轴线）。道路两旁绿荫成廊，建筑多姿，若隐若现。一路西行，穿越两条校河，即可抵达校园最西端。沿途既有小桥流水之趣，又有碧波荡漾之美，轻风拂面，赏心悦目。

1950 年代初，国内建筑界盛行"中轴线需对称平衡、且不宜长于 200 米"之说。于是，国内新建大学纷纷仿效，多选择在进入校门 200 米处建造图书馆或办公楼。华东师大校领导与基建部门没有盲目跟风，而是反复研究讨论，另辟蹊径。大家一致认为：轴线延长在中华民族的传统中有肃穆、庄重、深邃的涵义，不必过度拘泥于两侧建筑的绝对对称，要因地制宜，使主干道沿线呈现出有节奏的变化，在变化中求和谐，使之具有大学校园应有的自由与活力。从大门至校园最西端，有两座小桥，原先的桥与道路之间略有偏角，需作调整。本着节约成本、因地制宜的理念，设计师在两座小桥之间、河中地区主干道的正中设计了一个八角型的长树坛，隐约遮断向西的道路，使人难以觉察桥与路之间的偏斜； 并在丽娃河以西地区设计了两条道路簇拥同一片大草坪的方案，既解决了因路桥的偏斜引起的视觉不适，又使该区域建筑群之间的空间更显雍容大气。著名数学教授李锐夫先生曾深情地说："这 600 米的轴线就是我们的大学之道也。"

建校初期的华夏路（1950 年代）

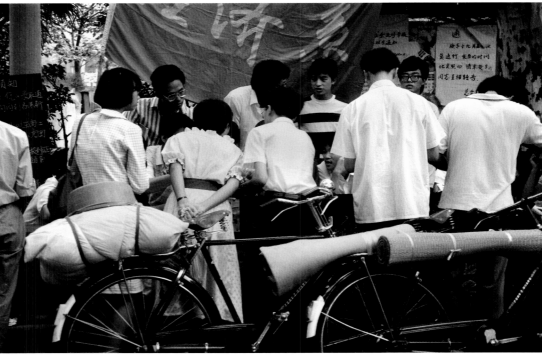

华夏路上的新同学（1988 年）

华夏路旁的新生接待处（1988 年）

2015 年的华夏路

（六）办公楼

办公楼位于由 1977、1978 级校友捐建的钟塔北侧，坐北朝南，红墙青瓦，古树环绕。办公楼为二层混合结构建筑，由东、中、西三栋独立的小楼组成，相互之间由外廊连接。其中，办公东楼与西楼是从大夏大学接收的老建筑，办公中楼为华东师范大学成立后建造，面积为 1452 平方米，1952 年建成投入使用。办公中楼二楼设有可容纳近百人的小礼堂和二个小会议室，早期学校的重要会议、学术活动和外事接待都在此举行。

学校办公楼于 1952 年建成，成为学校的行政中心，重要会议、学术活动和外事接待都在此举行。"办公楼"三字由原大夏大学教授马公愚先生题写。

马公愚（1893—1969）20世纪二三十年代，马公愚先生曾在大夏大学担任文史教授、文书主任，曾任中国文史馆馆员、中国文字改革委员会委员等职。

办公东、中、西楼，其中东楼与西楼为上世纪30年代建筑，中楼为50年代建筑，三者浑然一体、庄重典雅。

办公楼前的钟塔为1977、1978级校友毕业离校时捐建。钟塔基座上刻有"献给母校"四个大字。

（七）图书馆

1952 年建校之初即建造了一栋两层混合框架结构的图书馆，面积为 1343 平方米，平面呈一字形。闵行校区新图书馆落成后，图书馆主体陆续搬迁闵行校区。2009 年该楼被改建为学校档案馆。图书馆楼名由著名书法家马公愚先生题写。改建为档案馆后，原楼名仍予保留，以保护学校历史风貌。

1953 年全国高校院系调整后，从圣约翰大学、上海交通大学、同济大学、沪江大学、震旦大学等校调入大量图书，图书馆藏书急剧增长，学校又建造了一栋 1827 平方米的三层书库以应燃眉之急。

1960 年图书馆第二次全面扩建，由上海民用设计院设计，建筑大师陈植亲自指导，新建三层混合结构建筑一栋，面积为 5924 平方米。经扩建，图书馆的平面呈"五一"状，总面积达 9094 平方米，可容纳藏书 260 万册。2006 年，图书馆主体搬迁至闵行校区后，此楼被改建为学校信息中心和重点实验室。

1952 年建造的第一栋图书馆（现档案馆），图书馆楼名由著名书法家马公愚先生题写。

图书馆旧景（1960 年代）

改建为学校信息中心和重点实验室的老图书馆（2010 年）

图书馆从上世纪 50 年代到 60 年代新建了书库、阅览楼，形成了颇为壮观的楼群。

修葺一新的老图书馆书库（2014 年）

由老图书馆改建的学校档案馆（2009 年）

（八）物理、生物、地理三馆

位于校园中轴线最西端的"三馆"，由华东建筑工程局建筑设计公司设计，孙自健建筑师主持设计，华东第一建筑公司施工，平面呈"H"型，为三层（对称中心处四层）混合结构，总面积 11865 平方米。1959 年，物理楼建成后，物理系迁往新楼，但人们仍习惯称之为"三馆"。1977—1979 年，政教系也曾迁入。因此，"三馆"不仅见证了华东师大地理、生物、物理等自然科学学科的初创和发展，也是华东师大哲学学科和社会科学学科的发祥之地。这里不仅大树环绕，更有大师出入，著书立说，传道授业，培育英才无数。

2013 年地理系搬迁至闵行校区，修葺一新的"三馆"一度成为上海纽约大学的教学大楼。

"三馆"建筑具有典型的民族形式，歇山上的搏风板、山花板，线条花纹简朴大方，两翼拱卫着主楼，气势恢宏而又淡泊明静。图为"三馆"雪景，摄于 1950 年代。

1980 年代的"三馆"

（九）数学馆

数学馆位于丽娃河西岸，校训碑以西的河西大草坪南侧，古朴端庄、活泼典雅，与北侧的化学馆遥相呼应，彼此外貌相似，内部结构与设计不尽相同。数学馆始建于1953年，由同济大学冯纪忠教授主持设计。青平瓦四落水屋顶，近似民族建筑中的庑殿屋顶。总面积为3476平方米。门厅偏东，东侧为两层混合结构，是系行政办公和教研室用房；西侧为三层框架结构，全部为教室，既有梯形大教室，也有分班小教室。1991年夏季，著名美籍华裔数学家、华东师范大学名誉教授陈省身访问数学系期间，曾为数学馆题写馆名。

数学系迁至闵行校区后，该馆改建为华东师范大学软件学院。

1953年建成的数学馆

改建为华东师范大学软件学院的原数学馆正面

陈省身题写的馆名（1991年）

现为软件学院的原数学馆夜景（2013年）

（十）化学馆

化学馆位于河西大草坪北侧，1953年10月奠基，1954年2月落成，由同济大学设计处第二设计室设计，冯纪忠教授主持，华东建筑工程局第一工程公司建造，标高"三公尺九十公分"，总面积5970平方米。化学馆的外貌风格与数学馆一致，屋顶亦为青平瓦四落水，但并不对称，正门厅上方是梯形合班教室，门厅东首为实验室，西首是分班教室，主体为三层钢筋混凝土框架结构，行政及辅助用房集中在东北部，采用两层混合结构，另有面向丽娃河的大门，可直接出入。

1983年，为确保师生身体健康，学校启动化学馆通风改善工程。修建科工程师深入化学系各实验室，因地制宜、因室制宜，采用八种方式分批施工，全面改善了通风设施，使化学馆再也闻不到昔日"特有的专业气味"。如今，装修一新的化学馆已成为上海市绿色化学与化工过程绿色化重点实验室的研究基地。化学系现已搬迁至闵行校区。

1954年建成的化学馆

同学们在化学馆前学习研讨（1960年代）

丽娃河经化学馆而至夏雨岛，师生们泛舟河上。

修葺一新的化学馆正面（2008年）

（十一）物理楼

物理楼位于丽娃河西岸的南端，始建于 1959 年，建筑总面积为 12303 平方米，是当时上海市的重点工程。受大跃进年代重点项目施工速成法影响，工程质量差强人意。1962 年，设计院复审工程图纸时发现，该楼的承重钢筋混凝土楼板大梁竟然少画了一根钢筋。好在设计时物理系提出的楼面活荷载为每平方米 500 公斤，虽然少用了一根钢筋，仍能满足实验室要求。物理楼的建成对推动学校理科科研起到了很大的作用。

1960 年代，华东师范大学的微波、波谱、红外、遥感等专业都得到了快速的发展。1966 年，因研制红外分光光度计需要，物理楼旁又添建面积为 577 平方米的恒温室一栋。1984 年，美国诺贝尔物理学奖获得者、国际激光权威肖洛教授应邀到华东师范大学做合作研究，恒温室的主体部分被改建为激光实验室。改建工程全部由学校修建科自行设计与施工，为国家节省了大量资金。恒温室现为华东师范大学精密光谱科学与技术国家重点实验室的重要科研基地。

闵行新校区物理楼落成后，物理系迁往闵行。物理楼经大修后成为国际交流处、国际汉语教师研修基地、国际汉语教师学院的办公与教学大楼。

建于 1959 年的物理楼

1980 年代的物理楼

重新设计并修葺后的原物理楼（2010）

改建为国际汉语教师研修基地的原物理楼夜景（2015 年）

（十二）巴甫洛夫实验室

巴甫洛夫实验室位于河西三馆的南侧，今河口海岸大楼西南面，由学校基建部门自行设计，二层混合结构，总面积为 481 平方米，1954 年建成并投入使用。

1950 年代初，国内生理学界开始学习诺贝尔生理学和医学奖获得者、俄罗斯科学家巴甫洛夫的条件反射学说，生物系携手心理系共建"巴甫洛夫实验室"。实验室建成后，在学校生理学科与心理学科的教学科研活动中发挥了重要的作用，1980 年代之前，相关学科许多研究和实验都是在这里进行并完成的。现为脑科学研究中心所在地。

1954 年建成的巴甫洛夫实验室

原巴浦洛夫实验室现为脑科学研究中心（2015）

（十三）原文科办公室

文科办公室位于文史楼北面，第一学生宿舍（已拆除，原址现为伸大厦）西侧，始建于 1951 年，是华东师大成立后所建的第一批建筑，一层砖木结构，总面积 1686 平方米。1984 年 10 月拆除。原址改建为河东学生食堂（今河东餐厅）。

文科办公室与第一学生宿舍（今伸大厦所在地）旧景（1970 年代）

图中左边是五校合并时的教育系办公室，后面是原第一学生宿舍，站立在楼前的是当时教育系的学生。

三层楼的河东餐厅（2014 年）

图右依次是第二、三、四学生宿舍，左边是第五学生宿舍，楼前是1950年代的夏雨岛和夏雨桥。

（十四）学生宿舍

1953年，学校在夏雨岛西北面河西地区建造了三栋学生宿舍，分别命名为第二、三、四学生宿舍。学校原有一栋学生宿舍，名为群策斋，是原大夏大学的男生宿舍，总面积4726平方米，华东师范大学成立后，改称第一宿舍。第二、三、四学生宿舍是混合结构的三层建筑，由学校基建部门自行设计，总面积为6054平方米。1954年，在通往学校后门的共青路西侧又添建了第五、第六学生宿舍，同为三层混合结构建筑，总面积均为6650平方米。1957年再建第七宿舍一栋，四层混合结构，总面积5641平方米。1985年，因宿舍不敷使用，对第二、三、四学生宿舍进行了加层改造。第二、三、四宿舍现用作留学生宿舍。第五宿舍已于1999年10月拆除，原址上新建第五学生公寓一栋，六层砖混结构，总面积18294平方米。

节日里的女生宿舍（1952年）

第四学生宿舍（1970年代）

第七宿舍（2001年）

（十五）共青场与共青路

共青场位于化学馆北面、共青路东侧。1957年，学校开始兴建河西田径场，盖因全校共青团员踊跃参加，建成后的田径场被命名为"共青场"。共青场西面通往河西食堂的道路也因此被命名为"共青路"。共青场东端的正中央设有主席台与观众台，主席台后是1985年建造的体育系教学楼，四层混合结构，总面积2090平方米。闵行新校区体育场建成之前，学校每年的运动会均在此进行。

共青团员们踊跃参与建设共青场（校运动场）的劳动（1957年）

共青场全景

学校运动会运动员入场仪式

运动会上的留学生们

共青场西面的共青路（1950 年代初期）

共青路（2015 年）

共青路（2000 年代）

（十六）餐厅

位于河东地区的食堂（时称第一饭厅）与河东伙房始建于1951年。食堂为一层砖木结构，面积576平方米。河东伙房亦为一层砖木结构，面积420平方米。两栋建筑均已于2002年被拆除。1979年学校在河东地区另建一层混合结构的河东小饭厅，面积为361平方米。

现华东师范大学河东餐厅（时称河东学生食堂）位于学校东北端，文史楼（又称群贤堂）北面，建造于1986年，三层框架结构，总面积5741平方米。一楼为学生食堂，二楼为教工食堂和白玉兰餐厅。三楼为白玉兰宾馆。河东学生食堂建成后，老食堂的饭厅曾用作大学生活动中心。2011年改建为学校校史馆。

第一饭厅与河东伙房（1950年代）

老食堂餐厅改建的校史馆（2011年）

河西食堂

1953年学校曾在河西地区建立第二饭厅，一层砖木结构，面积1436平方米，1956年扩建，新增面积1187平方米；1964年建造河西浴室一栋，二层混合结构，面积482平方米。上述建筑均于1998年被拆除。

2000年建造河西食堂一栋，三层框架结构，8585平方米。河西食堂又称为秋林阁，位于学校西北端，第五学生公寓北面。

二　1980 年代以后的代表性建筑

校区航摄图（2001 年）校门左侧先后为体育馆、文科大楼，右侧为大草坪和群贤堂，内环线与学校大门平行而过。

　校区全景图（2015 年）　从左至右主要建筑依次是理科大楼、运动场、图书馆、第八学生宿舍等。

（一）图书馆逸夫楼

1987 年，我校接受著名香港实业家邵逸夫先生捐款 1000 万元港币，并获原国家教委拨款 430 万元人民币兴建图书馆逸夫楼。

逸夫楼于 1988 年 3 月开工，1989 年 9 月竣工，位于办公楼北面，老图书馆南面，是一栋框架结构建筑，由裙楼与主楼组成，建筑面积 12660 平方米，藏书容量 130 万册。阅览室有 1800 个座位。建成后由国家教委港澳办组织评比，获得第一批邵氏捐款一等奖。此楼设计立意求新，采取阅览室与书库同层等高，实现阅览、藏书相互渗透，走向一体化，以适应知识载体的多样化与图书情报功能多样化发展。内部空间安排合理，设施先进，一改传统风貌而使之富有时代感、适用性、系统性。家具的质感色调也力求与环境协调，各具特色与可识别性。

2015 年，为更好地为师生提供人性化的服务，学校对图书馆逸夫楼内部的功能区域进行重新设计和装修，改善了阅读环境，提升了服务功能，深受师生欢迎。

图书馆逸夫楼外景（1990 年代）

邵逸夫（1907—2014），原名邵仁楞，1907年出生于浙江宁波镇海。香港电视广播有限公司荣誉主席，邵氏兄弟电影公司的创办人之一。

在华东师范大学校园里，有三栋"逸夫楼"。除图书馆逸夫楼外，还有附属小学的逸夫教学楼（1995年）和学术交流中心（又称教育部中学校长培训中心）（2001年）的逸夫楼。

2015年赤水河中图书馆倒影

图书馆夜景

（二）文科大楼

　　十七层高的文科大楼屹立在主干道南侧，该楼始建于1985年5月，1987年9月建成。是华东师大历史上第一栋高层建筑，总面积为22165平方米，以适应大城市土地宝贵、校园面积偏紧的状况。大楼建成后，解决了多年来文科各系教学办公用房简陋逼仄之困扰。

　　闵行校区建成后，文科大部分系科搬离文科大楼，目前该楼主要为教育学部的教学科研用房。

从文科大楼上可以一览无遗地欣赏赤水河风景

文科大楼南立面

文科大楼北立面

（三）电化教学楼（外语楼）

电化教学楼（又称外语楼）位于华夏路南侧，与办公楼南北呼应。该楼始建于 1981 年，是教育部直属高校中第一栋电教楼，东侧为六层混合结构的教学大楼，西侧为二层的阶梯教室，总面积为 7608 平方米。楼内设有公用的电教中心、同声传译放映室及放像室。电化教学楼建成后，教育信息技术系、外语学院与公共管理学院先后入驻。2001 年，西侧阶梯教室二楼大课堂被改建为学校主要会场之一的科学会堂。

外语楼内专心阅读的学生（2002 年）

电化教学楼（外语楼）全景（2011 年）

修葺一新的科学会堂（2001 年）

61

（四）计算机楼

　　计算机系成立于 1979 年，是全国师范大学首个计算机系。计算机楼位于物理楼北面。1984 年落成，五层混合结构，总面积 4040 平方米，五层主楼用于计算机系的教学与办公，二层部分为面向全校师生开放的计算机中心。

计算机楼西南立面（1980 年代）　　　　　　　　　　　　　　　　　计算机楼西立面（2014 年）

（五）国际交流服务中心

随着对外合作交流不断扩大，留学生人数日渐增多。1985 年，华东师范大学进行第五次征地，共征得土地 2.72 公顷（40.8 亩），用于建设留学生、研究生生活小区。1991 年，一栋高十五层、总面积为 10440 平方米的留学生大楼（今国际交流服务中心）拔地而起。从此，500 余名留学生有了集教学、餐饮、住宿于一体的专门宿舍和教学楼。丽娃河西岸最南端的景观也随之得到改善。1997 年，由泉州市人民政府投资的泉州楼（女生宿舍）、博士研究生宿舍等建筑先后落成。该区域被称为留研小区。错落有致的建筑，绿树成荫的友谊路，依水而立的泉州亭，与师大一村和学术交流中心大楼隔岸相望，景色宜人。

国际交流服务中心（1990 年代）

国际交流服务中心（2015 年）

通往国际交流服务中心的友谊路

夏日的友谊路（2002 年）

友谊路雪景（2002 年）

泉州市校友会 2001 年 10 月捐建的泉州亭

（六）俊秀艺术楼

1997年5月，坐落于赤水河东端北岸的俊秀艺术楼开工。国家教委拨款180万元，热心祖国教育事业的爱国侨胞陈水俊先生个人捐资400万元，故取名为俊秀艺术楼。该楼为五层框架结构，建筑总面积为3570平方米，内有天光教室、琴房、展厅、教师工作室。1998年5月落成，为艺术系师生教学科研创造了良好的条件。闵行新校区建成后，美术系与音乐系先后搬迁。现为心理学系教学科研楼。

俊秀艺术楼（2010年）

原由老河东食堂改建的大学生活动中心（1980 年代）

（七） 大学生活动中心

大学生活动中心原位于丽娃河东岸，由河东食堂改建而成。2002 年，学校在丽娃河东岸、原大学生活动中心北面的夏雨岛东桥畔建造了一栋新的大学生活动中心，六层框架结构，总面积为 8292 平方米。内设健身房、报告厅、商场、大学生就业指导中心等活动场所与学生服务机构。

新建的大学生活动中心（2002 年）

（八）体育馆

体育馆 1997 年 9 月落成，四层框架结构，总面积 17102 平方米。馆内拥有可供 2500 人观看比赛的国际手球、篮排球馆，多功能厅，贵宾室，健身房，乒乓房，电影放映室，电视转播室，以及办公、训练场地和体育活动配套用房。1997 年 10 月，体育馆圆满完成全国第八届运动会的排球及手球比赛任务。场馆质量得到教练员、运动员及组委会的赞赏与肯定。

体育馆也是新生开学典礼和毕业典礼的主会场，是师大学子放飞梦想的地方，启用后已先后迎送学生十余万人。

体育馆雪景

体育馆浮雕（2006 年）

体育馆（2006 年）

（九）学术交流中心

2001 年落成的学术交流中心（又称教育部中学校长培训中心）位于风景优美的丽娃河东岸、先锋路西侧，所在区域的建筑多建造于 1980 年代，有文科大楼、专家楼、学校出版社等。该建筑分为十二层塔楼与四层裙房两个部分，总面积 11623 平方米。塔楼内设有宾馆、餐厅、小型会议室与办公室。裙楼则主要用作教室、研究室和报告厅。一楼设置了咖啡廊座，与餐厅的亲水平台连接，形成一方自由空间，可供师生与来访者小憩、会谈；裙房二至四层的西侧均为研讨室，采用大开窗凹阳台，自然引入西向的丽娃河旖旎风光。楼内设有我国首个中学校长培训基地——教育部中学校长培训中心。该中心创建于 1989 年，享有中学校长"黄埔军校"之美誉。

丽娃河畔的学术交流中心（又称教育部中学校长培训中心）（2001 年）

研讨室　　　　　　　　　　　　　　　　　　　报告厅

教育部中学校长培训中心

丽娃河畔的学术交流中心

音乐增添千般味，诗书焕发十分香

——华东师大直属上海华申中外文化交流服务有限公司举办"咖啡文化节"

1999 年 7 月成立的华申公司除了日常的接待和会务活动以外，在美丽的丽娃河畔，以咖啡为载体，融合音乐、文学等文化元素，营造品咖啡、听音乐、读好书的典雅咖啡文化氛围，丰富了校园文化建设。

（十）理科大楼

理科大楼位于丽娃河西理科教学区与第七学生宿舍之间，共青路西侧，楼高87米，框架结构，由被师生誉为"双子座"的A、B两座18层高楼组成，正门位于两栋高楼之间的五层建筑二楼，门前有33级台阶，拾阶而上，便可抵达二楼大厅。理科大楼总面积53000平方米，于2003年10月16日建校52周年校庆日正式启用。楼内实验室、教室、会议室一应俱全，为理科各系的教学科研提供了良好的基础设施与保障。

理科大楼与校训碑

理科大楼（2011年）

三、校园八景

2003 年由全校师生投票选出华东师大校园八景：位于河东地区的"荷塘挹翠"、"古木清晖"，河中地区的"石径花光"、"书海掇英"，丽娃河上的"夏雨飞烟"、"水榭观虹"，河西地区的"三馆迎绿"，以及师大一村工会俱乐部内的"园丁小筑"。

（一）荷塘挹翠

该景位于文科大楼北端。河岸曲池萦环，绿树绕园，繁花盛开；矶石汲水，洞石宛变；垂柳嬉水，小桥飞泓，石鹤涉波，景色宜人。仲夏时节，满塘荷花亭亭玉立，青翠欲滴。

（二）古木清晖

　　该景位于思群堂南侧。园内植有银杏树和成群的栀子花、海棠花，近年新栽成的银杏林，更给人以一种群体美。景内小路曲折宛转，各种植物错落有致；层次分明，意境深远。这里植物四季分明：早春，一片红似火的海棠花；初夏，栀子花的芬香扑鼻而来；中秋，秋叶变色，金灿灿的银杏树叶美不胜收；隆冬，常绿的绿篱环抱着古朴苍劲的银杏树，有一种傲霜迎雪的气概。

（三）石径花光

该景位于校办公楼东南侧。湖石错落有致，千姿百态，红亭点缀，石径小道曲径通幽，园内空间层层深入；繁花在美丽的校河中浮光掠影；给人以"鸟鸣林愈静"之感。红亭为大夏大学台湾校友分会捐建，名曰"大夏亭"，由孔子的第 77 代嫡长孙孔德成题写。

雪中大夏亭

（四）　书海掇英

该景位于校老图书馆正南。这里是学校名贵花木的主要群落地。此景把规则式和自然式的绿化融为一体。路径均有植物镶边，宛转曲折，错落有致；名贵花木四季斗艳，五彩缤纷，清香飘逸，情趣盎然。晨曦学子在此读书，书声琅琅。

（五）　夏雨飞烟

该景位于夏雨岛，小岛三面环水，三座桥涵脉脉相通，石径贴水环行。岛上亭阁、小桥、花木、山水融为一体；或攀山，或临水；或幽深曲径，或开阔明朗。每当仲夏季节，这里夏雨阵阵，蝉语绵绵，烟雾迷蒙，雨水打棕榈，宛如雨打芭蕉，雨水清响，如鸣佩环。

（六） 水榭观虹

　　该景位于丽虹桥畔。岸边杉林耸天，又有造型新颖的"激流亭"立于丽娃河之上，碧水荡漾。从亭中南眺，秀丽的丽虹桥横跨校河两岸，宛若彩虹飞架。

（七）三馆迎绿

刻有"求实创造，为人师表"八个大字的校训碑后是华东师大八景中的又一景：三馆迎绿。这里四季芳草如茵，清香宜人，见证了学校发展历史的数学馆、物理馆以及化学馆傍校训碑环拥翠毯，交相辉映，草木溢香，沁人心脾。

（八）园丁小筑

该景位于工会俱乐部内，各种花草树木疏密相间，湖石巧置，劈石陡立，装饰性的花坛，造型别致，整齐划一的棕榈树下，用石板镶嵌的冰梅路，有如南国湖滨小道，景色秀丽。石凳放置其间，以供休憩品茶。

第三章　河桥之美

人们习惯把校河统称为丽娃河。丽娃河源自苏州河，在学校境内有两条支流组成，一为丽娃栗妲河，一为南明溪。抗战胜利后，大夏大学把南明溪南端的桥命名为赤水桥，于是桥下的河也被称为赤水河。

丽娃河之美，因河系蜿蜒绵绵，曲曲弯弯；河水清漪，绿波粼粼。夏季两岸植被与水中荷花引人入醉，然河上诸桥千姿百态，更使人难以忘怀。

1930 年代前，丽娃河上没有桥，人们惯以行船为渡。大夏大学迁此落户后，为方便师生，在主要教学楼与各宿舍楼间的支流上架起多座木桥，从此结束了以舟过河的日子。丽娃河上原有七座桥。自她们诞生之日始，伴随着大夏大学和华东师范大学，共同经历沧桑，亲眼见证发展。抗日战争时期，诸桥也与学校建筑一样遭到日寇飞机轰炸，遍体鳞伤。抗战胜利，大夏大学从贵州回归，将桥逐一重建才使她们再现娇姿稳立于丽娃河上。

1947 年 6 月，校园战后整治基本完成，整理校景时，大夏大学校务委员会决定命名全校路桥。为纪念大夏大学抗战期间在贵州办学的历史，将当时大夏大学的一部分路桥以贵州校址所在地名而冠之。

随学校教育事业发展，丽娃河上现有五座桥，几十年来，多经整修，尽管在材质上基本相同，但在外观设计和建筑风格上却各具特色，每座桥以她所处的地理位置和所在的环境不同而各显风姿，师大人常自傲地说，丽娃河上的每一座桥都是一个景点。

丽娃河全景（2015 年）

一　四季的丽娃河

（一）丽娃河之春

春季赤水河南段，树木掩映处可见图书馆大楼。

学生在赤水河畔阅读，背后是贵阳桥。

丽娃河边的许多小圆石桌椅为师生学习、交谈、歇息的场所，树后隐现的是丽虹桥。

（二）丽娃河之夏

丽娃河中段，夏季荷花争艳，远处是夏雨西桥，河旁水榭处建有"虫二"亭。

81

（三）丽娃河之秋

丽娃河中段，秋季百花绽放，水面倒映着图书馆藏书楼。

丽娃河南段的喷泉，后面是丽虹桥。

特技摄影下旋转的丽虹桥和喷泉

银装素裹的丽娃河，友谊路边的校树水杉挺拔傲立。

赤水河雪景

二　丽娃河的桥

（一）　丽虹桥

1937年的丽虹桥

"丽虹桥"是丽娃河上最大的一座桥，大气地站立在主干道上，是通往河西的主要咽喉，她一出生就是钢骨水泥胎，长35.6米，宽8.3米，师大园内数她还能列入中等桥的行列，其余均为小桥。该桥由四组搭成框架结构的钢骨水泥排做桥墩，从侧面看像四根柱子支撑着大桥。桥面铺水泥，两旁还建有人行道。桥埠延伸至路两旁，桥栏由水泥板组成，"丽虹桥"两边各有十根望柱。当你走上桥，迎面就是"求实创造，为人师表"校训，激励师生以此为诚，奋发努力。从丽娃河的南端看去，犹如彩虹飞架。桥下清水映着蓝天白云，两岸花木水中争艳，桥上人流熙熙攘攘，车辆川流不息。北面高楼林立，夏雨岛立于河之北端。随着季节变化，春天的绿、夏天的花、秋天的黄、冬天的枝更让人留恋。无数师生、来宾和游客都在此摄下了最美的画面。

然而有多少人知道她的过去，她也曾有过的心酸。"丽虹桥"诞生于1937年，那时大夏大学教职员新村人数骤增，原有的一村和二村已不能满足需求，于是新村又买下大片土地建大夏三村，无奈一部分地已延伸到河对面，为了通行必须架桥。因河面主权归学校，新村村民进出要走学校的路，必须学校同意。后经新村与学校商量，学校欣然答应通路建桥。新村居民兴奋不已。为报答学校，大家主动集资1万元（旧币）捐赠给学校支持正在筹备的体育馆建设。"丽虹桥"从1936年秋动工，次年4月落成，有文字记载：建筑兼顾美丽，桥栏置美术点火四炬，月明之夜，与太阴之象交相辉映，诗意甚浓，为校景增光不少。4月16日，新村委员会举行"丽虹桥"落成典礼，特邀何应钦与夫人王文湘（王伯群亲妹）为大桥剪彩，新村居民和本校学生及附近市民千余人前往观礼，颇极一时之盛云。大夏大学秘书长王毓祥先生为纪念该桥落成特笔铭文，除记其始末，并为之铭。曰：

丽娃江上，不霁何虹。舰恒凝凤，天娇犹龙。地利为纬，人和为经。

二难济美，成此津梁。于万斯祀，蔚作里仁。

衡阳王毓祥撰

永嘉马公愚书

铭文镌刻于桥中央。

1937年8月13日，日军大举进攻上海，淞沪战争爆发，政府把丽娃河校区划为警戒区，为我军开赴闸北、真如等处必经之路。等到我军撤到苏州河以南时，这里又成双方军事争夺据点。"丽虹桥"当时与大夏校舍一样，遭侵略者炮火波及而损坏不堪。据老人回忆，到华东师大建校时，"丽虹桥"的桥面和护栏已修成木质的。考虑到因战争缘故大夏三村没建成，当时河西土地不属学校，学校栏桥暂不通行。直至1950年代中期建设河西教学区时，才让她的倩影重现。2008年在桥大修时左右两边各扩建10厘米，以适应日益增多的车流之需。

丽虹桥之春

月照丽娃河

大夏大学时期的赤水桥，背面是大夏大学工程馆（现校办公西楼）。

（二）赤水桥

当你踏入华东师大校门，走在主干道（华夏路）上见到的第一座桥就是"赤水桥"，站在南明溪上最南端的荷花池边上。"赤水桥"是大夏大学迁址中山路后最早建的桥，初始建成的桥远眺给人以单薄之感，也许是因用长木条搭成的栅栏式桥栏的缘故。然而她的地位重要，是学校师生进入教学区的关键通道。在抗日战争时期，也遭日寇炮火摧残。大夏大学为避战火坚持办学，被迫迁入贵州。随日军逼近贵阳，学校决定搬到赤水，赤水办学条件很差。抗战胜利后，师生回沪心切，学校决定从赤水返回丽娃河畔。为纪念这段历史，在为路桥命名时，将桥定名为"赤水桥"，南明溪自然成了赤水河。

如今的"赤水桥"长 19 米、宽 12.6 米。桥墩为两排水泥柱组成，两边桥栏各有八块浮雕，浮雕刻着水中荷叶衬托荷花，栩栩如生，与南明溪中的荷花遥相呼应，微风吹来，仿佛桥上桥下荷花一起随风摇动。"赤水桥"与众不同的是在桥头筑有抱鼓石，此抱鼓石底座为方，抱鼓为圆，象征天圆地方。为一如意抱鼓石，须弥座上是荷花芙蓉类草，鼓面为吉瑞祥云螺旋纹，象征富贵吉祥，为低浮雕石刻抱鼓，在此也有怯邪镇恶作用。

赤水桥上的荷花抱石和桥栏上的荷花石雕

赤水桥是大夏大学最早建的桥，后几经修建。坐落于赤水河南端。

（三）贵阳桥

"贵阳桥"也在赤水河上，一手牵着校图书馆一手拉着第八学生宿舍。

"贵阳桥"最初是由大夏大学的鲁继增、吴泽霖、邵家麟、孙浩烜、邱爽秋、蓝春池、马宗荣、马公愚、陈柱、唐庆增诸先生捐款所建。当时为连接运动场体育馆和男生宿舍而修这座桥。战时被毁，复校后她也是第一批修建的桥。大夏大学校务委员会为纪念大夏大学抗战期间在贵州办学的第一站就是贵阳的讲武堂，于是将该桥定名为"贵阳桥"。学校回归时，原女生宿舍"群英斋"

1930年代大夏大学时期的贵阳桥

遭毁灭性破坏，为解决女生住宿，遂将原大夏附中的教学楼（现华东师大保卫处办公楼）作女生宿舍，"贵阳桥"成了男生访问女生宿舍的必经之路。常见有些男生在桥头苦等，当时男生们称"贵阳桥"为"奈何桥"。

"贵阳桥"几经整修，成现在的水泥桥，长8.9米、宽3.9米。因此段河面窄，"贵阳桥"没建桥墩，是以长梁架于河两端，铺水泥板桥面而成。桥栏是十二块（二边各六块）水泥浮雕板组成，每边桥栏与扶手之间立四个大肚花瓶托云朵水泥塑像和两个莲花瓣椭圆浮雕，桥栏浮雕内外相同，此桥望柱用水泥柱作柱身，望头是莲花座。浮雕的第一块和最后一块为睡莲，意为出淤泥而不染；中间是七弦古琴（琴）、围棋（棋）、线装书、书帖（书）、卷轴（画），含义陶冶情操提高修养。大肚花瓶托云朵寓意心胸开阔高瞻远瞩。

现在的贵阳桥桥左边是图书馆，下图是贵阳桥栏上的琴棋书画石雕。

（四） 花溪桥

　　"花溪桥"是在大夏新村建成后造的。1930年王伯群校长和欧元怀副校长等18位教授发起建大夏新村，新村与学校被南明溪的一支流横隔，教授们每天必须绕中山路从学校大门方能到校，为方便教职员，学校在此建了一座木桥。

　　这座桥在抗战时期与大夏新村一并被日军炮火炸毁，战后重建校园时才得以复建。据现有文字描述，这座桥架在遍植荷花的南荷花池通入南明溪的咽喉处（现华东师大附小北面）。木桥为红色，桥下绿水一涧，桥边槐树林陪伴，红桥绿波，要说她是交通要道，那更是一座景观桥。

　　战后重建校园时，大夏大学校务委员会在命名路桥时，将她定名为"花溪桥"，是因桥坐在花丛中，更为纪念一段历史。学校抗战时期，迁校之贵州，当地政府支持教育在花溪拨千余亩地给学校作基地。学校在花溪办得有声有色，社区教育成绩显著，深得当地政府和广大民众称赞。这也是以"花溪"作桥名的主要原因。

　　华东师大建校后，将此河道改为平地，以涵洞与苏州河相连，另修道路通教工新村。此后"花溪桥"不复存在。

大夏大学时期的花溪桥，在学校发展时被拆除。

（五）群英桥

"群英桥"也叫"荷花桥"，因建在大夏大学最早的女生宿舍"群英斋"前的荷花池上而得名，"群英斋"建于1930年初。当年12月2日《申报》刊载的《西宫参观记》中描述：西宫名"群英斋"，为大夏大学校舍之最南端者，似当南宫，惟就全沪而言之，则位置正西耳。宫前有小河，仿佛御沟，板桥通之。上海沦陷时"群英桥"和"群英斋"都毁于战火。

抗战胜利后，1947年大夏大学为解决女生宿舍不足，在旧址上重建"群英斋"和"群英桥"。从旧照片上我们可见，修建后的"群英桥"是一座木桥，木结构的栅栏式护栏，水泥桥面，桥身较宽。新建的"群英桥"不仅方便女生到教室，而且每年夏季荷花盛开时，更是师生赏花的最佳之处。有文记载，当时凭栏观荷的青年情侣，炫耀着荷花池上的"群英桥"，是令"淑女""君子"怀想不忘的。

华东师大建校后，规划把"群英斋"所在地设立为华东师大附小，学校埋管填河，铺成道路，从此"群英桥"（"荷花桥"）也成了人们记忆中的美景。

大夏大学时期的群英桥，迎面的是群英斋，因学校发展需要均予以拆除。

89

（六） 夏雨桥

"夏雨桥"因穿过夏雨岛将岛一分为二而得名。她一头通往大夏大学时期的夏雨村，也即现华东师大的河西生活区；一头连着现大学生活动中心。据现有资料推测，"夏雨桥"大约建于1946年大夏大学复校后。丽娃河水因夏雨岛在北端分为二支，故"夏雨桥"亦建成了东、西二桥。

"夏雨桥"原为木桥，因木质易腐，几经修缮，成目前的水泥桥，西桥长10.4米，宽3.5米，东桥长13.4米。西桥是一座双孔拱桥，东桥是三孔拱桥，均为石头砌成的实体桥墩，水泥桥面。二桥桥栏风格一致，以水泥长柱搭成栅栏状，简洁明快，连续流畅，置身于美丽的夏雨岛上，灰白色桥梁与绿色树木、红色亭子，相互衬托，增添色彩，自然一体。路人行之，驻足四面而顾，有山有水，风景怡人，如值炎热夏季更觉阵阵清凉，好不惬意。

1970年代，学校恢复办学，招收工农兵学生和体育培训班。当时学校没有游泳池，为让体育专业师生有教学场所，也为其他学生有体育锻炼和消暑之处，学校决定在丽娃河北端夏雨岛边上，栏河筑坝，建了简易的露天泳池，"夏雨桥"的东桥桥墩也封孔作池壁。水中人的不同泳姿，乐煞路人。直至1976年，学校准备新建游泳池，才将东桥恢复原貌。

抗战后重建的夏雨西桥　　　　　　　　　　　　　　1960年代的夏雨东桥，图中间的陆地是夏雨岛。

丽娃河南端的夏雨桥西桥，桥的右边是夏雨岛。　　　　　　　　　　　　　　丽娃河南端的夏雨桥东桥，桥左边是夏雨岛。

（七） 无名小桥

丽娃河水流至北端，直入夏雨岛之腹。抗战前岛上建有夏雨亭，以小桥贯通。战时亭、桥毁于炮火。胜利后，大夏大学修复校园时重建夏雨亭和小桥。曾有文字记载说夏雨岛上有"夏雨桥"和"校友桥"，但没有具体描述，不知是否指小桥为"校友桥"。小桥重建于1948年4月，历时一个月，由上海营造厂承包，造价达二亿六千万元（旧币）。

复建后的小桥为单孔拱桥，长7米，宽2.2米，用不规则的石头砌成实体桥墩，水泥桥面。因孔洞位高，桥埂坡度大，故在南北上桥处造有几级台阶，便于人登桥。桥栏是以红砖垒成棋格状，整齐划一，白色扶手，红白相拼，镶嵌在绿树环抱的小岛内，桥下绿水清澈，色彩丰富，在鲜花盛开的时节，更是五彩缤纷、美不胜收。桥中间的四根望柱以红砖堆砌，柱头上四只笑口小狮，喜迎宾客，当你踏上小桥，犹如漫步于苏州园林之中。

中文系校友作家张闳在《丽娃河上的文化幽灵》中写道："这个人带着80年代乡间生活的沉闷记忆和朦胧的热情，走上河上的小拱桥，他停下脚步，倚栏环顾，四周树木葱郁。远处小岛上，有人在吹笛子，虽不成调，但也清脆。河畔亭子的廊桥上，有两个年轻人在中午的阳光下肆无忌惮地接吻……这里就是丽娃河，这里就是夏雨岛。这个年轻人深深地吸了一口这里的空气，对自己说，'这才是我的世界'。这可说是华东师大人对这片校园的典型反应。"

重建于1948年4月的夏雨小桥，坐落在夏雨岛内，桥以四只石狮做望头，夏雨岛是学生课余休闲和团体活动的好地方。

第四章　绮丽校园

丽娃河是有生命的，无论是春花秋叶还是夏虫冬雀，无不鸣放着生命的赞歌。在美丽的丽娃河畔，生长着两百余种园林绿化植物和几十种动物，使多彩多姿的校园充满活力。这里有保存完好的古树名木，如已经有113年树龄的银杏树，现在依然挺拔在思群堂前。办公楼前面的罗汉松和枸骨也已八十多年，经历了岁月的沧桑。

唐人有诗云："绿树阴浓夏日长，楼台倒影入池塘。"无论你哪一天漫步丽娃河边，迎接你的总是花繁叶茂，翠竹落英，绿荷开碧，楼影倒映，处处透露出季节的诗情画意。春天，草长莺飞，鸟语花香，姹紫嫣红；夏天，蟋跳鸣蝉，鱼戏清波，出水芙蓉；秋天，叠翠流金，丹桂飘香，梧桐叶黄；寒冬，蜡梅怒放，暗香疏影，清雅动人。

不过，丽娃河最美的还是春天，仿佛人生中的青春少女，处处散发青春的芳香。一夜春雨，润物无声。春天到来，万物复苏。校园里的植物冒着春寒，悄悄发芽，在春光中竞相开放。丽娃河边呈现出生机勃勃的景象。走进校园，随处可见新开的嫩芽儿，黄黄绿绿的，娇嫩无比，一个个小生命让你多了一份疼惜。丽娃河岸上的柳树，每一个枝条都在默默地收集着阳光雨露，滋润着枝条上的一粒粒芽苞，等待着像剪刀一样的春风，剪裁出飘逸的绿丝绦。

惊蛰之后，满眼都是妖娆柔媚的艳红，娇嫩欲滴的翠绿，姹紫嫣红，百花争妍，让人有目不暇接之感，玉兰、迎春花、樱花、海棠、木香花、桃花、紫叶李、腊梅，接踵而至，走到哪里都可以闻到盈盈浮动的暗香。

丽娃河两岸有着许多动物，种类繁多：有浮游生物，如藻类、轮虫等；有软体动物，如田螺、河蚌等；有刺胞动物，如水螅；有节肢动物，如虾类、蟹类；有昆虫类，如色彩斑斓的蝴蝶、蜻蜓；有飞鸟家族，如白头鹎、乌鸫等等。

丽娃河啊，你是上天给我们的造化，是师大人的福分。

一　植物篇

（一）校花——荷花

夏雨岛上，一阵清风拂来，瞬时暗香浮动，送来荷叶的清香与荷花淡淡的幽香。这一池荷花就是华东师大的校花，洗尽铅华、灵性婉转地在丽娃河里肆意怒放。

含苞欲放的荷花，亭亭玉立；有的小荷尖尖，想钻出却又怯怯地躲在荷叶的庇护下，欲出还羞。

（二） 校树——水杉

丽娃河两岸最有特色的树木就是水杉，水杉是世界上珍稀的孑遗植物，植物世界的"活化石"，国家一级保护植物。它历经了几千万年的地球演化，经年生长的水杉依然笔直苍翠、直冲云霄。

丽娃河旁的水杉

丽虹桥旁水杉林里的讨论

水杉剪影

（三） 玉兰

玉兰，一般人们将玉兰属的植物都称为玉兰，华东师大中北校区有三种玉兰：白玉兰、紫玉兰和二乔玉兰，校园里四处皆有零星分布，而第五宿舍楼与河西食堂之间，白玉兰和二乔玉兰间隔种植，春季开花时蔚为壮观。上海市市花即是白玉兰，花瓣白色，先花后叶，开放时，花瓣雪白，细腻如玉，像玉雕的艺术品，洁白无瑕，而又散发着清香。上海有不少路灯、壁灯都设计成白玉兰的式样。

紫玉兰与二乔玉兰的花瓣都是外紫内白，像是雪白的肌肤外面穿了一层紫粉色的纱裙。二乔玉兰是紫玉兰和白玉兰的杂交种，是先花后叶的乔木，株型像白玉兰，花瓣颜色外紫内白却像紫玉兰。学校一般将白玉兰和二乔玉兰混种，比较显眼的是在原通向枣阳路后门的路两边，棵棵白玉兰和二乔玉兰交相辉映，或大或小，或紫或白，或高或低，或聚或散，一团团，一簇簇，如只只白鸽飞落枝头，如雨露桃花朵朵绽放。

紫玉兰为灌木，花与叶同放或稍后于叶开放，外轮花被片较小，常不显眼，带绿色，花蕾晒干后称辛夷，是有名的中药。唐代大诗人白居易有诗《题灵隐寺红辛夷花戏酬光上人》咏赞辛夷花："紫粉笔含尖火焰，红胭脂染小莲花。芳情香思知多少，恼得山僧悔出家。"

白玉兰（第五宿舍周边）

二乔玉兰

校园中盛开的紫玉兰

（四） 迎春花

丽娃河边栽有零星几株迎春，花朵小巧玲珑，金光灿灿，摇曳生姿。

与迎春花容易混淆的云南黄馨，也常见于校园的河边，同样是开小黄花，春季黄花绿叶相衬，枝叶垂悬，树姿婀娜。云南黄馨为常绿植物，花为重瓣，枝条上一年四季可见有叶子，但迎春花是落叶植物且花单瓣，冬天掉光叶子，春天在叶子长出来之前开花，以此来区别两种花。

迎春花

云南黄馨

（五） 海棠花

海棠种类很多，明代《群芳谱》记载："海棠有四品，皆木本。贴梗海棠，丛生，花如胭脂；垂丝海棠，树生，柔枝长蒂，花色浅红；又有枝梗略坚，花色稍红者，名西府海棠；有生子如木瓜可食者，名木瓜海棠。"

贴梗海棠

华东师大这四种海棠均比较常见。沿正门入校，大红色的贴梗海棠和粉红色的垂丝海棠在道路两旁竞相绽放，娇艳动人。贴梗海棠和垂丝海棠隶属于不同的属，前者和木瓜海棠同属于木瓜属，后者和西府海棠同属于苹果属；前者为灌木，花梗粗短或无花梗，后者为小乔木，花梗细长柔弱，下垂，因此得名"垂丝海棠"。

办公楼门前垂丝海棠开放时，满树亮粉，远望如彤云密布，近看一朵朵、一串串地挂满枝头，花梗弯曲下垂，遇到微风飘飘荡荡，娇柔红艳，让人想起苏轼的《海棠》诗，诗云："东风袅袅泛崇光，香雾空蒙月转廊。只恐夜深花睡去，故烧高烛照红妆。"

垂丝海棠

西府海棠，是山荆子和海棠花的杂交种，花未开时，花蕾红艳，色如胭脂，开后则渐变至粉红，有如晓天明霞。唐代诗人吴融赞海棠："云绽霞铺锦水头占春颜色最风流。"中北校区老图书馆前面花园里种植有西府海棠。

西府海棠

文科大楼前面的花园里藏着一株木瓜海棠。花瓣白中带粉，果实中富含石细胞，而呈木质，故名"木瓜"。果实味道极涩，多腌渍后食用，有药用价值。水果中也有叫"木瓜"的，中文学名为番木瓜，是一种热带水果，与此木瓜海棠有别。

木瓜海棠

（六） 木香花

校医院屋角的木香花，开放时姿态清幽雅丽，端庄婉约。路过时闻到喷鼻清香，花气袭人满芳庭。

木香花

东京樱花，以"染井吉野"这个名字享誉全球，原产日本，为日本国花，现在全日本 80% 的樱花都是这个品种，开放时，满树白中带粉红。校医院后面和对外汉语学院教学楼前面都有栽种。

（七） 樱花

中北校园里的樱花最常见的有四种：毛叶山樱花、东京樱花、山樱花和日本晚樱。其中最先开放的要数毛叶山樱花，有几株种在电镜室门口，每年 2 月底 3 月初悄悄地准时绽放，像一场约定。当满树的花瓣轻盈飘落时，其他樱花才慢慢被唤醒。

毛叶山樱花

东京樱花（校医院后面）

对外汉语学院教学楼前面还栽有几株山樱花，和东京樱花同时开放，但是开花时，枝条顶端的嫩叶子也同时长出来，即花叶同放，花梗和萼筒都无被毛，花一般是纯白色，而东京樱花开花后再长叶子，且花梗和萼筒上面都有柔毛，以此区分开来。远远看去，山樱花满树白中带绿，雪白的花朵零星地点缀些枝头的嫩绿，煞是清新。

最晚开放的就是日本晚樱了，花期在 3 月底 4 月初。日本晚樱是山樱花的变种，常为重瓣。

山樱花（外汉教学楼前面）

（八）紫叶李

与樱属开花时间相近的植物，有一种叫紫叶李，办公楼东南角的大夏亭边上有一棵，开花时常常被误认作樱花。其实仔细看会发现紫叶李的新叶会一直保持红褐色，嫩叶鲜红，老叶紫红。紫叶李是蔷薇科李属的植物，白色花瓣的顶端也无缺刻，同时有极浓郁的芳香，由此可以轻易将它与樱花区分开。

紫叶李

（九）牡丹

牡丹有"花中之王"的美誉，小礼堂前面的那片牡丹，是建校五十周年时河南校友会赠送给母校的礼物。中原地区是中国牡丹的主要栽培中心，河南洛阳更是被誉为"千年帝都，牡丹花城"，刘禹锡有诗云："惟有牡丹真国色，开花时节动京城。"

牡丹

（十）桃花

春盛之时，丽娃河边桃花绽放，唐代诗人崔护有诗云："去年今日此门中，人面桃花相映红。人面不知何处去，桃花依旧笑春风。"（《题都城南庄》）

现存校园内的果树大多数是观赏品种，有的不结实，即使结实，口感和味道也欠佳，食用价值不高。据学校前辈讲述，在七八十年代，国家处于物质匮乏期，河口所和计算机楼的原址上种了不少桃树、梨树，春天观花，夏天吃果，成熟后摘了分给各院系的师生。桃子有的果肉鲜嫩、酸甜爽口；有的皮薄肉厚、入口即化。梨子一个个晶莹剔透，轻咬一口，汁液四溅，甘甜的感觉沁人心脾！

桃花

（十一）法国梧桐（二球悬铃木）

校园里主干道两旁的法国梧桐，大多种植于1950年代师大建校之初，学校从江宁引进的树苗。法国梧桐，世界四大行道树之一，中文学名叫二球悬铃木，头状果序常两个连成一串，下垂，因此而得名。从正门入校，华夏路两旁的法国梧桐夹道欢迎，并撑起绿色的华盖，形成一条绿色的走廊。

二球悬铃木，俗称法国梧桐

（十二） 银杏

银杏是我国特有的第三纪孑遗植物，也是现存最古老的种子植物，与水杉一起被称为"活化石"。银杏还拥有华东师大树木寿星的桂冠称号。校园里的这几株银杏树在这里经历了一百多个复苏的春天、繁荣的夏天、辉煌的秋天、萧条的冬天，也见证了师大半个多世纪的成长。

思群堂前的银杏林，藏匿了一个春夏的风采，终于开始了最华丽的绽放。金黄色的叶子随风而动，发出沙沙的声音，犹如一支优雅的乐曲，折扇似的叶片在半空中飞旋，像蝴蝶般翩翩起舞，飘落下来，铺成一地锦绣。

思群堂前的银杏林

（十三） 蜡梅

苍劲笃定的腊梅枝条上，盛开着一树金黄。路过最多的两株腊梅，一株是在夏雨岛边，一株是在丽虹桥边。远远的就闻到那缕缕馨香，清而不腻、雅而不俗，能在寒冬里闻到这样的香味，不禁使人想到和煦的春风、温暖的艳阳。鹅黄色的花瓣，透明的腊质感，薄如蝉翼，坚强地盛开在寒冬里，不骄不躁，带给师大人一份美丽的坚韧。

夏雨岛上的腊梅，清而不腻、雅而不俗。

（十四） 梅

夏雨岛的丽娃河边，梅花开得最盛。五片俊俏玲珑的花瓣，粉红色至白色，在凛凛寒风中斗寒争艳，为寒冬增添了几分生机。梅花无疑是最坚韧的花，"宝剑锋从磨砺出，梅花香自苦寒来"，任凭风吹雨打，它愈加风清骨峻；红尘洗尽铅华，它依然安之若素。

梅

二　动物篇

（一）　浮游生物

波光粼粼的丽娃河水中还是一个充满着各式动植物的生命世界。其中体型最为微小的小生命通称为浮游生物，包括各种金藻、甲藻、硅藻、蓝藻、轮藻、绿藻和细菌等。这些浮游生物有些被归类为植物，有些则归类为动物，而名叫蓝藻的标准名称就是蓝细菌。总之，它们这些小于毫米级别的小生物们都是丽娃河生态系统的基础。而体型再大一些的就是我们肉眼大概看出个轮廓的轮虫以及属于节肢动物的枝角类和桡足类了。从丽娃河中取出的每一滴水，在显微镜下都是这些小生命的微观世界。

（二）　软体动物

在丽娃河中，最常见的软体动物就是身体胖胖的俗称螺狮的中国圆田螺，另外还有体型小一些、身体椭圆形、螺壳也略呈现透明的静水椎实螺和尖膀胱螺。除了这些典型的圆锥状螺壳，人们有时还能找到身体呈现扁圆形状的尖口圆扁螺。螺类的繁殖速度惊人，产出的卵很快就会变成微小的小螺们了。丽娃河中除了螺类还有河蚌。最多的河蚌是背角无齿蚌，许多地方就是养殖它们用来生产晶莹剔透的珍珠。

静水椎实螺

尖口圆扁螺

水螅

（三） 刺胞动物

水螅是一种刺胞动物，身体透明，呈现指状，其中上端是它们的嘴巴，周围生五到十二条小小的触手。水螅喜欢在清洁而含氧多的淡水中生活，主要捕食各种浮游生物。在丽娃河中也有它们的身影，说明丽娃河水的水质相当不错呢。

（四） 节肢动物

1. 虾类

在丽娃河中的虾中，最多的是喜欢在细弱的水草丛中穿梭的体长在一到三厘米的小小的黑壳虾类。其中最常见的叫做多齿新米虾，它们的体色多变，在丽娃河的水域中，人们可以发现透明型的、灰色型的、暗绿色型的，甚至还有黑色型的和暗红色型的。丽娃河中还有一些罕见的中华小长臂虾，这些虾的螯足可要威猛不少，有的还会长得很长。而河中时而还能发现著名的入侵物种，俗称小龙虾的克氏原螯虾，它们的生活很是隐秘。

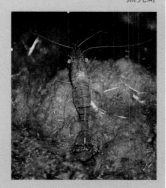
黑壳虾

克氏原螯虾（小龙虾）

中华小长臂虾

2. 蟹类

在上海，最常见的蟹类是俗称螃蜞的天津厚蟹和俗称蛸蜞的无齿螳臂相手蟹。无齿螳臂相手蟹的分布也比天津厚蟹更广，在丽娃河中也曾经发现过它们的身影。

无齿螳臂相手蟹

103

（五）昆虫类

每到夏季，蜻蜓和豆娘是丽娃河的常客，它们就来自于荷塘的水草之间。最常见的豆娘是褐斑异痣蟌，它们全身呈现亮蓝色，白天习惯于停歇在荷叶上。而最常见的蜻蜓则是红蜻和黄蜻，夏日的校园里尽是它们飞舞的身影。而在水中，水中还生活着水黾、蝎蝽和中华螳蝎蝽等肉食性昆虫，为河面增添了生气。

红蜻

蝎蝽

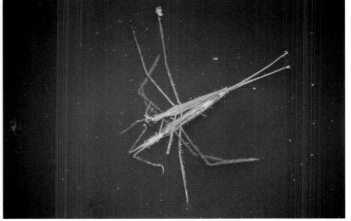

中华螳蝎蝽

校园中最常见的蝴蝶是白色的菜粉蝶和黄色的斑缘豆粉蝶，春夏的夏雨岛边总能吸引一些大型的凤蝶，例如柑橘凤蝶、达摩凤蝶、玉带凤蝶和樟青凤蝶。而斐豹蛱蝶、直纹稻弄蝶在校园中也时有发现。

夏雨岛是各种虫子的小世界。其中有合欢双条天牛和身上点缀着黄色斑点的黄星天牛。其他甲虫还包括瓢虫和金龟子。不过在丽娃河北段西侧的老物理楼后的树林，还隐藏着一些难得一见的巨锹锹甲。晚上身在丽娃河边人们还能寻觅到闪烁着点点微光的萤火虫——黄脉翅萤。

菜粉蝶

樟青凤蝶

达摩凤蝶

异色瓢虫（丽娃河边）

合欢双条天牛（丽娃河边）

黄星天牛（丽娃河边）

巨锹锹甲（老物理楼后树林）

105

（六） 鱼类

丽娃河中最常见的鱼是一种外来物种——食蚊鱼。它们其实什么都能吃，一般以小型无脊椎动物为食，蚊子的幼虫孑孓当然也在它的食谱之内。而本土鱼类则以小型的高体鳑鲏、中型的白条鱼和鲫鱼为代表。当然，还有在夜晚更容易发现的美丽的圆尾斗鱼以及习惯底栖生活的子陵吻鰕虎鱼和沙塘鳢。除了它们，丽娃河里还有可能来自于放生的黄鳝和泥鳅，以及凶猛的乌鳢和斑鳢。

食蚊鱼

白条鱼

圆尾斗鱼

高体鳑鲏

沙塘鳢

（七） 两栖类

夏雨岛的周围的浅水区域正是中华蟾蜍、黑斑蛙和金线蛙产卵的好地方。夏日凌晨后的校园，真是"听取蛙声一片"呢。

黑斑蛙   金线蛙

（八） 爬行类

校园里有两种壁虎——多疣壁虎和铅山壁虎。它们喜欢在教学楼的墙壁上顺着灯光捕食飞蛾等小虫。而在河边的草丛中，还有隐秘的爬行类——赤链蛇，不过不用害怕，它们没有毒，也不会主动攻击人类，它的主要食物是河中的小杂鱼和蟾蜍等蛙类。

多疣壁虎   赤链蛇

（九） 哺乳类

丽娃河附近的空中，总有小蝙蝠们在飞行，其中最主要的种类是小巧的东亚家蝠。 偶尔我们还能在校园里遇到机灵的黄鼬（黄鼠狼）。

东亚家蝠

黄鼬

（十）飞鸟家族

华东师大校园里常见的鸟有近 50 种之多，这里择要介绍几种。

白头鹎的体型比麻雀要大一些，整体上羽色呈现暗黄绿色。不过它们最显著的特征就是成年个体的脑袋上顶了个白头，所以平常人们更习惯称呼它们为白头翁。而浑身黑色的乌鸫叫声十分悦耳，时常在树顶鸣唱。在校园的草坪上，长得像鸽子一样的是珠颈斑鸠，而轻巧灵活的黑白色小鸟是白鹡鸰。在丽娃河附近，人们能够发现喜欢站在杆子上的夜鹭和藏匿在夏雨岛边的黑水鸡。

白头鹎

黑水鸡

乌鸫

夜鹭

珠颈斑鸠 （图书馆前草坪）

白鹡鸰

华东师大的银杏林、水杉林更是鸟类喜欢的家园。发出"吱咯吱咯"声音的是大山雀。而体型大了不少的黑尾蜡嘴雀也习惯在树梢上活动，在树林下方的灌木丛中，还隐藏着堪称校园里最萌的小鸟——棕头鸦雀。树林里最醒目的鸟，则非棕背伯劳莫属了，它们喜欢在树顶的枝杈上居高临下。而近年来，还有喜鹊、灰喜鹊、鹊鸲、白颊噪鹛等新朋友陆续被吸引到美丽的师大校园里来安家。

棕头鸦雀（八舍篮球场边）

鹊鸲（地理馆前悬铃木上）

白颊噪鹛（图书馆旁）

第五章　再创辉煌

2006 年，华东师大人迈着雄健的步伐，从上海西北角的丽娃河来到了西南的樱桃河畔，再开辟闵行校区。古人说智者乐水，师大人喜欢河，其根源或许在于此。

2002 年，根据上海市高校布局结构调整的战略部署，华东师大启动闵行校区规划建设，新校区规划用地近 1800 亩，坐落于闵行区东南角的紫竹科学园区内。当初，师大人问：这地方有河么？当得知，这里也有一条美丽的小河，可以和丽娃河媲美。于是师大人满怀希望，来到了这块新的土地，热火朝天地开展了新校区建设。

新校区分期建设，一期竣工面积 17 万平方米，可容纳 3000 名学生入驻。全部建成后，可容纳 1.7 万名学生。

华东师大闵行校区的建设，是上海闵行紫竹科学园区的重要组成部分。

2006 年基本建设竣工，学校主体搬迁到闵行校区，形成了"一校两区、联动发展"的办学格局。目前，两个校区的总面积达 3100 余亩。学校的基础设施不断完善，公共服务能力不断加强。闵行校区资源丰富的现代化图书馆，设施先进的、融各学科于一体的综合性实验室，日臻完善的公共数据库平台为学校的教学、科研提供了良好的保障。

2006 年 9 月，在闵行新校区建成的同时，教育部和上海市决定重点共建华东师大，学校进入国家"985 工程"重点建设高校行列。以此为契机，学校更加全面地推进"哲学社会科学繁荣计划"和"科技创新计划"。2007 年，精密光谱科学与技术实验室被确定为国家重点实验室。同年，学校科技园升级为国家大学科技园。截至 2013 年 5 月，华东师范大学设有人文社会科学学院、社会发展学院、外语学院、对外汉语学院、教育科学学院、心理与认知科学学院、学前教育与特殊教育学院、体育与健康学院、公共管理学院、商学院、金融与统计学院、传播学院、艺术学院、设计学院、理工学院、资源与环境科学学院、生命科学学院、信息科学技术学院、软件学院、孟宪承书院等 20 个全日制学院，另外有国际航运物流研究院等 7 个研究院（所、实验室），开放教育学院 1 个管理型学院，含 58 个系，76 个本科专业，其中中文、历史、数学、地理、心理和物理 6 个专业是国家文理科基础科学人才培养和科学研究基地。

学校现有博士学位授权一级学科 26 个，硕士学位授权一级学科 38 个，可授予 17 种硕士专业学位，以及教育博士专业学位，23 个博士后科研流动站，拥有多个国家重点学科。学校主办和承办 20 余种学报期刊，主办华东师范大学出版社，图书馆藏书 425 万余册，并拥有 20 所附属中小学及 2 所幼儿园。

学校注重国际合作交流，先后与法国巴黎高师集团、宾夕法尼亚大学、纽约大学、东京大学等世界著名大学建立了战略合作伙伴关系，与世界 150 多所高校、科研机构签订了学术合作与交流协议。2002 年 7 月，学校与法国高师四所大学正式签订了合作办学的协议，正式开启了中外联合培养研究生的新模式。2004 年，华东师范大学教育科学学院与美国宾夕法尼亚大学教育学院开始联合培养博士。2009 年，来自美国密歇根州立大学、华盛顿大学、德拉华大学的 9 名博士生作为首批交流生来华东师大学习。2011 年 3 月，由华东师大携手纽约大学建设的上海纽约大学在上海陆家嘴金融贸易区奠基，标志着学校国际合作办学进入了全新的时代。

在推进国际化的进程中，学校特别设立了国际教育园区，使得本校学生可以在不同教育文化背景下，参与国际学生群体共同学习，选择课程。同时，学校也创造多种机会把本科生送到国外学习和交流。学校还在美国、意大利协办了 6 所孔子学院。2008 年，国家汉办国际汉语教师研修基地在华东师大成立。

河水是有生命的，在这块生气勃勃的大地上，从丽娃河到樱桃河，从 20 世纪到 21 世纪，无限宽阔的空间，给师大人开辟了驰骋向前的天地。唐李山甫诗云："秋天静如水，远岫侵碧云。"展望未来，寥廓天空，雄鹰展翅，鹏程万里，前途无限。

三月春花开烂漫　樱桃河畔春意浓

一　新的家园
——樱桃河畔的闵行新校区

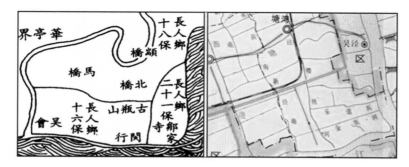

闵行校区位于闵行紫竹科学园区内，距离中山北路校区30公里。东侧为吴泾镇，西起莲花南路，东至虹梅南路，北临剑川路，南靠东川路，占地总面积为1821.42亩。

A B C D E F

1

2

3

4

5

6

剑 川 路

虹 梅 南 路

莲 花 南 路

校 河

校 河

花 河

天 华 河

大 河

本科生公寓

本科生公寓

研究生公寓

楼宇
变电站
医院
餐厅
P 露天停车场
地下停车场
出入口
地道
桥
河流
学校边界
非校属区
铁路

	1	E-5	学术交流中心
	2	D-5	办公楼
	3	D-5	外语学院
	4	D-4	法政学院 商学院
	5	C-4	人文学院
	6	B-5	物理系
	7	B-5	信息科学技术学院
	8	B-4	数学系 统计系
	9	B-5	秋实阁(食堂)
	10	C-4	图书馆
	11	D-4	第一教学楼
	12	C-3	第二教学楼
	13	B-4	第三教学楼
	14	B-4	第四教学楼
	15	B-3	化学系
	16	B-3	生命科学学院
	17	B-3	资源与环境科学学院
	18	C-3	艺术学院 传播学院
	19	C-3	实验楼A
	20	C-2	实验楼B
	21	B-2	实验楼C
	22	B-2	实验楼D
	23	B-2	校医院
	24	B-2	后勤综合楼
	25	D-3	夏雨厅(食堂)
	26	C-2	学生活动中心
	27	C-2	体育与健康学院(体育中心)
	28	B-2	冬日厅(食堂)
	29	B-2	附属用楼
	30	E-3	教师之家
	31	E-2	春华阁(食堂)
	32	E/F-3	青年教师公寓

服务交流区　文科院系区　理科院系区
公共教学区　活动生活区

华东师范大学 闵行校区
Minhang Subarea of East China Normal University

N

10 60 150 m
0 30 100

闵行校区分成南、北两块，本科生公寓及相应配套的生活设施布置在北块的生活区内，办公、教学、科研、体育活动场地等功能均布置在南块的校区内。此外，在虹梅南路以东，有占地 249.99 亩的研究生公寓和青年教师公寓。

2006 年学校有关学科的师生开始搬迁往闵行

二　樱桃河畔的建筑

（一）　闵行校区东川路校门

（二）　闵行校区中轴景观

闵行校区中轴景观紧扣"中轴景观应大气而不失人性化"这一理念，形成了主入口前广场（静）——银杏林广场（闹）——叠水广场（静）——亲水梦幻舞台（闹）——大草坪与两侧土丘（静）——信息广场（闹）——图书馆（静）这么一组跌宕起伏的空间系列。两侧土丘的种植高低错落，起伏有序，成为大草坪乃至整个中轴很好的背景。

（三） 闵行校区行政楼

闵行校区行政楼位于闵行校区东川路校门附近，层高 12 层，建筑面积为 13174 平方米。

（四） 闵行校区图书馆

    闵行校区图书馆位于闵行校区中心，层高 12 层，建筑面积为 39558 平方米，是闵行校区的标志性建筑。图书借阅和中山北路校区图书馆联网，可以实现异地借还。读者利用公共检索终端可以检索书目资源、电子资源、网络资源等，可以办理图书预约等手续。

（五） 闵行校区教学楼

闵行校区一共建有 4 幢教学楼。其中，第一教学楼和第二教学楼位于图书馆东面（南楼为第一教学楼，北楼为第二教学楼）；第三教学楼和第四教学楼位于图书馆西面（南楼为第三教学楼，北楼为第四教学楼）。

（六） 闵行校区数学系、金融与统计学院楼

（七） 闵行校区人文楼

（八） 闵行校区外语学院

（九） 闵行校区法商楼

（十） 闵行校区大学生活动中心

（十一） 闵行校区艺术学院、传播学院楼、音乐厅

（十二） 闵行校区地理科学学院、城市与区域科学学院、
生态与环境科学学院、生命科学学院、化学系楼

（十三） 闵行校区体育馆

（十四） 教师之家宾馆

三　樱桃河畔

　　樱桃河位于闵行塘湾，因最初由邢、窦两姓居住湖畔，人称邢窦湖，又称莺窦湖，也有人称它为樱桃汇。"湖"北起俞塘，南迄黄浦江。南宋时，湖面积约 2 平方公里。至 16 世纪初，湖面收缩，形成了一条长约 7 公里的河道。此时，邢、窦两姓人口渐稀，于是小河被唤作莺窦河，或称莺脰河，又称樱桃河。

　　在莺窦湖畔（现虹梅南路、东川路以西），村舍连阡，炊烟错落，男耕女织，一派农耕文明的和谐风光。闵行校区建设中，樱桃河依旧保持了原有的风貌，两岸风光颇有江南野趣。

（一）　樱桃河沿岸风光

樱桃河河水清澈，两岸垂柳，翠鸟飞鸣，有田园风光之美。

樱桃河畔的各幢教学楼及学生公寓

（二） 尚义桥园林景观："紫竹源"风景区

尚义桥，俗称环龙桥，上海西南地区明代古桥，位于原塘湾镇幸福村八房里东面，现在华东师大闵行校区校园内。

明宣德二年（1427年），塘湾出了个进士蒋性中（字用和，号检庵），后出任兵科给事中。他居住在莺窦湖畔的蒋家老宅（塘湾乡幸福村）。

蒋性中出身贫寒，母亲靠纺纱织布支撑家境。父亲过世后，母亲更是勤于纺织，将子女抚养成人。考中进士后，朝廷有司要为他建造进士牌坊，他却说："莺窦湖水溢，民方病涉，与其荣我家，无宁以利吾乡。"于是，牌坊未建而造了一座石拱桥，取名"尚义桥"（又称环龙桥、蒋公桥）；路也因桥而得名。这是一座石拱桥（独孔），横跨樱桃河，河面宽 12 米，桥两边均有石级，桥长 14 米，宽 3 米，桥面、石级因年久均有损坏。

尚义桥园林景观工程集明代古桥、尚义亭、古井、紫竹林、树木花草和多个亲水平台构成了"紫竹源"风景区。它与闵行校区其他景点一起组成了闵行校区特有的文化地图亮点。

尚义桥又称环龙桥，乡人习称蒋公桥。此桥历五百多年沧桑，至今幸存。

古桥的石级在阳光下斑斑驳驳，石栏依旧。

四　文脉永传，世世芬芳

（一）　闵行校区校训碑

（二）　华东师大首任校长孟宪承雕像

以首任校长名字命名的孟宪承书院，始创于 2007 年 9 月，书院以培养"适教、乐教、善教"的优秀教师和未来教育家为目标，致力于创新和完善师范生培养机制和体系、提升师范生培养质量。

（三） 重镌迁校纪念碑（2012年10月16日）

在华东师范大学建校 61 周年之际，一块由大夏大学于 1946 年为纪念抗战期间内迁赤水河畔办学而树立的石碑——迁校碑，在华东师范大学闵行校区文脉廊重新镌立，与校训碑等校园文化景观比邻而居，构成了一道历史感厚重的人文风景线。

重立的迁校碑碑身高 236 厘米、宽 108 厘米、厚 26 厘米；基座高 30 厘米。正面镌刻 1946 年的原文，背面则镌刻由华东师范大学刘永翔教授所写的《大夏大学迁校碑重镌记》。由擅长隶书和魏碑的著名书法家周道南和王宜明分别书写迁校碑原文及重镌记碑文。

附：1946 年，大夏大学举行迁校纪念碑揭幕仪式留影，原碑无存。《大夏大学迁校纪念碑》碑文由大夏大学陈湛铨教授撰文，刻于新碑正面，碑额为篆体，正文为隶书，由周道南书写。

（四） 文脉廊

华东师范大学文脉廊，依樱桃河曲折而筑，是一条讲述其历史和文化的长廊，沿着学校樱桃河边 380 米绿地顺势布点委婉展开。以造型艺术展现华东师大几十年来的风雨历程，由杏坛、会通碑、梅苑、松坡、兰亭、竹巷以及华师门七部分构成。这是为庆祝华东师范大学 60 周年华诞而建造的。

华东师大历代著名学者的励志良言和学习格言

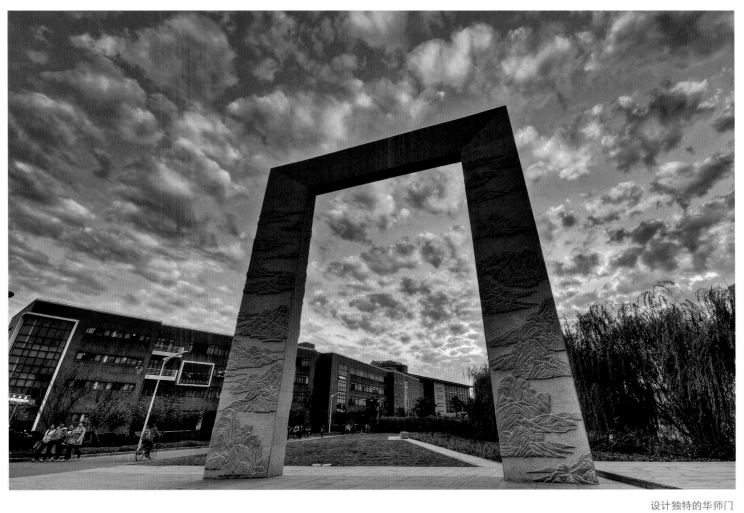

设计独特的华师门

（五） 大师石

大师石位于闵行校区银杏林的中间，长 10.8 米，高 3.2 米，重 110 吨。大师石南面刻着"大师"二字，也可读作"师大"，寓意师大出大师。北面刻着长达 256 字的《闵行校区勒石铭》，记载了闵行校区的建设历程和学校的发展理念。

闵行校区一侧树立着"大师石"，象征着一代大师将从这里走出。

大师石北面的闵行校区勒石铭

附《闵行校区勒石铭》：

昔我择基，　淞江之浦；
今我辟庠，　申江之浒。
溯厥渊源，　曰华曰夏；
绍彼名黉，　扬其风雅。
瀛海东西，　遍吾桃李；
丽娃微涟，　所泽万里。
其教其研，　咸臻上上；
九州师表，　五洲瞩望。
诸生日众，　不足回旋；
思求广袤，　以利薪传。
如龙之跃，　岂限故潭；
如鲲之化，　自欲图南。
紫竹园中，　樱桃河畔；
千亩其开，　爰修学馆。
讲舍轩宏，　书楼轮奂；
文理工商，　脉通气贯。
吾校宅此，　虎啸生风；
壮怀得地，　看吐长虹。
展我鹏翼，　骋我骏蹄；
树人树木，　霄汉思齐。
炼石锻金，　授业传道；
矩范良师，　以铸以造。
智求创获，　性仗陶熔；
教之祈向，　国之盛隆。
艺贵专精，　学重融汇；
抟合群科，　跋浪沧海。
招延俊杰，　化育英豪；
图新稽古，　寰宇争高。
今兹国运，　杲日斯昇；
长风可御，　巨岳堪登。
胜景亘前，　如霞如绮；
路有平颇，　轮驰毋已。

133

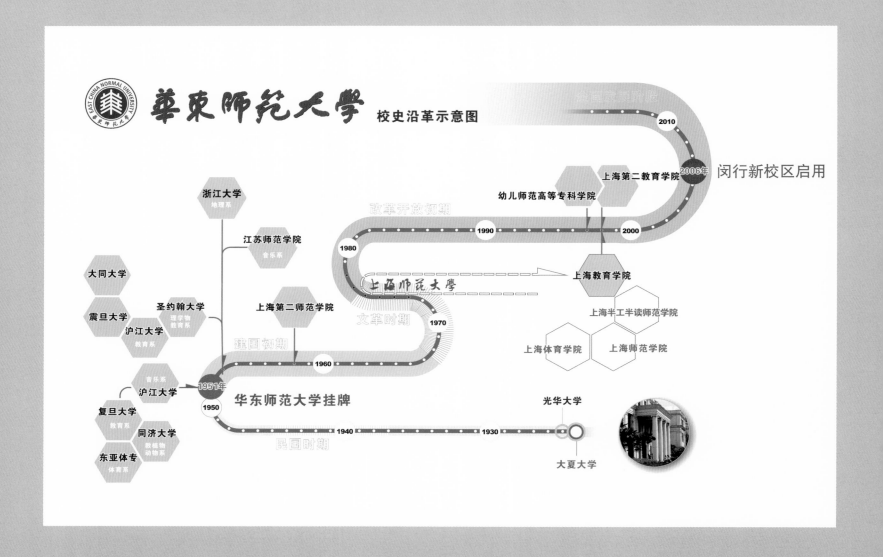

华东师范大学 校史沿革示意图

附 录
制 作：黄余明教授 华东师范大学地理系

跋

有人说，往事如烟，岁月如箫，许多记忆会随时间消散。但我相信，我经历的感情不会忘记，在我的内心，有一条美丽且精彩纷呈的小河——丽娃河，凝聚着我对人生的无数感受，即使到了暮年，它也是我割不断的记忆……

去年秋天为了感恩丽娃河，感恩广大师生，我们举办了"第二届华申咖啡文化节暨文化讲堂"。那印象丽娃的诗歌，那河畔美妙的音乐，那文学大师精彩的讲座，在校园内引起热烈反响，微信点击逼近七千次。当一条校河，时代赋予它新的文化内涵时，就和学校师生情怀共鸣。

丽娃河有如此魅力，使我萌发为这条河及曾经在河边学习生活过的人再做些什么的思考。丽娃河流淌了数百年，它的名称流传也近八十年，八十年来，丽娃河边发生了许多事，有过许多故事，这就是历史。我想以图文并茂的形式把这段历史串起来编撰成书，对师大前辈是慰藉，对师大新人是激励，本书将有承前启后作用。这一想法得到了华东师大出版社王焰社长和华申公司韩松美总经理的肯定和支持。在王焰社长的点拨下，我们找到李莲娣老师和钱洪老师。大家都认为这是非常不错的想法，但是大家认为，既然要做好这本书，史料要真实可信，不求最好，但求更好。在钱洪老师和李莲娣两位老师推荐下，印永清老师、欧天锡老师和朱小怡三位老师加入了本书撰写核心小组，并吸收了其他一些同样怀有丽娃河情结且学有专长的老师参加。

2015 年元旦后，我们启动了编撰工作，前后历经八个月，数十次讨论，一丝不苟；几度修订，精益求精。对旧史料精细考订，辨识错误。对新发现，如获至宝，写入书中，为丽娃河保存了珍贵历史。虽有困难，但大家坚定信心，功夫不负有心人，8 月初书稿完成。

很少有人会与同一所大学相伴一辈子，并在丽娃河边学习、工作、生活一辈子。我幼小随同父亲工作调动来到华东师范大学，父亲开始了他教学生涯的最后一段，当时我刚满周岁，是丽娃河见证了我人生旅程中的每一段。

我的童年是在校园内托儿所、幼儿园度过的。我的基础教育是在附小和附中完成的。在我儿时的记忆中，师大的校园是小朋友玩耍的好去处，丽娃河边，校园中的每一角，都给我留下了深深记忆。春天，我经常去河边垂钓，做个网兜撩蝌蚪；夏日，梨园的苹果梨挂满枝头，暑期文史楼（群贤堂）前的露天电影更让人期待；秋天，蝉鸣渐渐弱了，丽娃河两岸的苗圃和荒草中，蟋蟀的鸣唱此起彼伏，在夜幕中的一村宿舍区开始了"官兵抓强盗"的游戏；冬日，为了聊补冬天的无趣，小朋友开始各种各样的"恶作剧"，像期盼寒冬的暖阳惦念着过年的美食。

随着四季交替，年复一年，时光犹如丽娃河水流逝而去，儿时的记忆逐渐褪去，在师大附小完成了五年制的学习，正当每一个同学都在议论所想报考的中学时，"文革"开始了，丽娃河失去了往日的灵性，呆滞而无奈。次年，同学们集体分配到师大二附中。中学三年，教室内没有了以往的安静，教室外失去了以往的纯真和趣味。陆陆续续三年，时光匆匆而过。

1970 年代初，正赶上上山下乡运动热潮，同学们奔赴祖国各地，立志农村，扎根边疆，我也来到北疆农场。知青的这些年，使我人生发生了蜕变。1970 年代末，知青返城和恢复高考，让一代青年人看到了希望，也让我这个从小在丽娃河畔长大的游子重新回到校园。人生的角色也有了新的变化，曾经的师大教工子女，成了师大教工队伍中的一份子，这让我感到兴奋和惶恐，跟随父亲的脚步，尽续师大缘。

1970 年代末，学校的教学逐步走上了正规，学校发展脚步也越来越快。随着学校发展，学术交流日益扩大，国际交流会议也越来越多，学校普通招待所已远远不能适应和满足学校接待和会议的要求。在这情况下，学校成立了以接待中外宾客为主要任务的校接待科，我有幸参与了接待科的筹建工作，并为之一干就是三十年。在这三十年中，丽娃河两岸旧貌换新颜，学校由最初的接待科，陆续发展成立学术交流中心、国际交流服务中心。1996 年又将两个中心合并成立了国际交流服务总公司，通过学校的竞聘，我担任了公司的总经理，开始我职业生涯的重要一程。随后，上海一教院、二教院、幼教师专并入了华东师大。学校原有的两个"中心"连同一教院的教育宾馆，二教院的接待服务中心合并成立了华申公司。十几年来，华申公司每一步的发展得到了学校师生的关心、关注和支持，凝聚了新老员工的默默奉献，很多员工把他们的青春年华留在了华申公司。华申公司的发展印证了学校发展的历程。

华申公司两幢主体大楼（国际交流服务中心、学术交流中心）先后耸立在丽娃河两岸，丽娃河使之增添美色，入住楼内的师生更近感受到丽娃河气息。今天，在闵行，在丽娃河的姊妹河——樱桃河边又新建了"教师之家"大楼，它不仅传承丽娃河的过去，更展现学校的未来。华申公司作为一家校属接待服务企业，它不仅要服务于学校接待工作，提供高品质的服务产品，它更应该是校园文化的传播者、守护者和传承者，只有把华申企业文化植入于校园文化，并将之紧密结合，华申公司才能像丽娃河的河水生生不息。

多少年来，丽娃河静静流淌，多少故事隐埋其中无人相知。今天，我们打开尘封的记忆，让它重新细说前身今世，使丽娃河永远留在我们心中。

我们终将老去，而丽娃河将在一代代人的传承中永葆青春！

2015 年 9 月

后　记

　　《聆听丽娃河》书稿放在我们面前时，大家兴奋之中带着更多的感慨。八个多月的精彩片段又一一浮现在我们的眼前。

　　记得 2015 年元旦后，华申公司刘珩和韩松美向撰稿人员谈及编书的初衷时，激起了在座每个人的共鸣，每人心中浓浓的丽娃情愫、深深的感恩心绪，使大家决心克服各自的困难，欣然接受此任务。编委经过充分讨论认为，本书要真实地反映 1930 年代以来丽娃河畔发生的历史变化；尽力展现莘莘学子魂牵梦萦的丽娃河之美；力求描绘丽娃河两岸文化人求实创造的大业。

　　为了真实地反映史实，编写人员努力收集资料；仔细阅读《大夏大学编年事辑》等校史资料；走访华东师大初建时规划组的高其光老师；在欧天锡老师家翻拍大夏大学时期的老照片；华申公司还派专人到市、区规划部门查阅档案资料；为了弄清丽娃河早年的流向和当年的丽娃栗妲俱乐部的旧址，几次进行实地勘察；当遇到一些史料未记载的问题时，多次向学校老领导张瑞琨、吴铎教授咨询。

　　《聆听丽娃河》对图片的要求数量大、质量高。我们得到了校新闻办公室、国际交流处、国际教育中心、校友总会、团委和教工摄影协会的大力支持，他们不仅奉献了多年的珍藏，还按我们的要求组织人员补拍校景；张宝安老师也把自己的得意之作送给我们；尤其使人感动的是，为了从更佳的角度摄取丽娃河全景，王嘉琳老师在华申公司的协助下，二次登上学术交流中心 4 楼和 10 楼，拆下客房的窗门，不顾危险俯身窗外取景拍摄，令人惊汗。还值得一提的是地理系黄余明老师在编写组提供资料基础上反复考证，多次查阅资料，几经修改，绘制了简洁明了的彩色图表。

　　《聆听丽娃河》是大家共同努力的成果，是集体智慧的结晶。按编委的分工，文字由印永清、欧天锡、朱小怡、李莲娣、何鑫、熊申展等老师撰写，苏振兴老师对个别章节作了修改，其他老师负责收集照片和编辑工作，钱洪、刘珩、韩松美老师和华申公司其他几位同志自始至终参加讨论。

　　在此，我们衷心感谢顾问钱洪老师、王焰社长；衷心感谢宋琳、赵抗卫和佘国平校友的支持；衷心感谢曾为本书撰写文章因体例变动未能采用的吴在田教授、黄丽镛教授、龚若栋教授、阮光页编审等老师和朱子蕙同学；衷心感谢所有为此书作出贡献的领导、老师、摄影者和华申公司的领导及工作人员；衷心感谢出版社的阮光页总编、美编室高山主任和刘效礼编辑。

　　让我们静静地聆听丽娃河的诉说吧！

编　委

图书在版编目（CIP）数据

聆听丽娃河 / 李莲娣，印永清编著 . -- 上海：华东师范大学出版社，2015.9

　　ISBN 978-7-5675-4173-3

　　Ⅰ . ①聆… Ⅱ . ①李… ②印… Ⅲ . ①华东师范大学 – 校史 – 史料 Ⅳ . ① G659.285.1

中国版本图书馆 CIP 数据核字 (2015) 第 230546 号

聆听丽娃河

编　　著 李莲娣　印永清
项目编辑 王　焰　阮光页
责任编辑 刘效礼
责任校对 邱红穗
装帧设计 高　山　刘　恋

出版发行 华东师范大学出版社
社　　址 上海市中山北路 3663 号 邮编 200062
网　　址 www.ecnupress.com.cn
电　　话 021-60821666　行政传真 021-62572105
客服电话 021-62865537　门市（邮购）电话 021-62869887
地　　址 上海市中山北路 3663 号华东师范大学校内先锋路口
网　　店 http://hdsdcbs.tmall.com

印 刷 者 上海雅昌艺术印刷有限公司
开　　本 787×1092 12 开
印　　张 11.5
字　　数 161 千字
版　　次 2015 年 10 月第 1 版
印　　次 2015 年 12 月第 2 次
书　　号 ISBN 978-7-5675-4173-3/J.263
定　　价 260.00 元

出 版 人 王　焰

（如发现本版图书有印订质量问题，请寄回本社客服中心调换或电话 021-62865537 联系）